監修者――佐藤次高／木村靖二／岸本美緒

［カバー表写真］
バナーラスのガート（沐浴場）
（トマス・ダニエル、ウィリアム・ダニエル画）

［カバー裏写真］
シャージャハーンによって建てられた
ジャマー・マスジッド、デリー
（同上）

［扉写真］
クトゥブッディーン・アイバクとイルトゥトゥミシュによって
完成されたクトゥブ・ミーナール
（ニューデリー南郊、1200年ころ）

世界史リブレット71

インドのヒンドゥーとムスリム

Nakazato Nariaki
中里成章

目次

文化の「サラダボール」

インドはさまざまな文化の「サラダボール」だといった人がいる。うまい比喩である。

私たちに馴染みがあるのは、しかし、人種の「坩堝《るつぼ》」という言い方のほうではあるまいか。大都会では皮膚の色がさまざまに異なる人びとが、肩を接して闊歩《かっぽ》している。あれである。高温で材料を熱する「坩堝」という比喩には、ときどき熱い衝突も起こるが、いずれ溶け合って一つになるだろうという響きがある。「サラダボール」の場合はどうであろうか。どんなに混ぜ合わせても、「サラダボール」の食材が一つに溶け合ってしまうわけではない。しかし、思いつきでいろいろな食材を放り込んでいるようにみえるのに、混ぜ合わせるとそれなりにまとまった料理になる。それが「サラダボール」の身上である。多様な構成要素の一つ一つが本来のありようを保っていて、しかも全体としてはまぎれもない統一した個性を表出している。文化の「サラダボール」というたとえは、インドのこうした側面をうまくとらえている。そして、このわかりやすい比喩には、多様な一つ一つの文化を標準化したり、同化したり、排除したりするのではなく、ありのままに生かしながら統一を保っているのがインドの本来の姿であり、グローバル化の波に洗われ均質化が進む現代においても、それを守り発展させていきたいという、主張と願いも込められているようである。

　宗教は、そのような性格をもつインドの文化の、もっとも重要な構成要素の一つである。ためしに一九三一年の国勢調査《センサス》をみてみよう。インドでおこなわれている宗教はまず、ヒンドゥー教、イスラーム教、部族宗教（アニミズムなど）、キリスト教、スィク（シク）教▲、ジャイナ教▲、仏教、ゾロアスター教▲、ユダヤ教、「その他」に大別されている。「その他」に区分されているのは、儒教、神道、不可知論、無神論、理神論、自由思想、神智学《セオソフィ》、売春婦などである。そして、いくつかの宗教についてはさらに細かい区分（セクト）に分けて、人数が記録さ

インドの宗教別人口（一九三一年）

	人数（千人）	%
ヒンドゥー教	238,624	70.67
イスラーム教	79,306	23.49
部族宗教	7,630	2.26
キリスト教	5,966	1.77
スィク教	4,325	1.28
ジャイナ教	1,251	0.37
仏教	439	0.13
ゾロアスター教（パールスィー）	109	0.03
ユダヤ教	23	0.01
その他（儒教など）	3	0.00

（注）ビルマを除く。
出典：Kingsley Davis, *The Population of India and Pakistan*, Princeton, 1951, p.179.

▼スィク（シク）教　ナーナク（一四六九〜一五三八）が開いた宗教。「グラント・サーヒブ」と呼ばれる聖典をもつ。ナーナクはヒンドゥー教の批判から出発して、ヒンドゥー教とイスラーム教の教えを融合した教義を発展させた。十代目のグル、ゴーヴィンド・スィング（一六七五〜一七〇八）のもとで教団組織が軍事化され、十八世紀末、パンジャーブ地方に強大なスィク王国を築くにいたった。一八四九年、第二次スィク戦争

れている。ヒンドゥー教の場合、シヴァ派、ヴィシュヌ派などの主要セクトに加えて、相当の人口が「その他」あるいは「分類不能」と報告されているのが特徴である。

これらの宗教は少なくとも数百年以上の歴史を誇る、有力なものばかりである。それが九つある。「キリスト教は新しいのでは？」と思う人がいるかもしれない。しかしインドには、東方教会系のキリスト教が古くからある。それは二世紀（遅くとも四世紀）のころ、南インドのケーララに伝えられたとされるものである。インドではこれだけの数の宗教が、場合によっては多数のセクトを形成しながら、共生して栄え、非常に複雑な宗教世界をかたちづくってきた。インドの宗教世界は、まさに「サラダボール」なのである。

しかし他方では、インドの宗教というと、暴動や戦争が思い起こされるのも事実である。

インドとパキスタンが二つの国に分離して独立（一九四七年）したのは、ヒンドゥー教徒（以下、ヒンドゥー）とイスラーム教徒（以下、ムスリム）の宗教対立がおもな原因であった。このとき、二〇万から二〇〇万と推定される人たちが暴

によってイギリスに滅ぼされた。スィク教徒は人口は少ないが、軍隊、官界、実業界などで大きな影響力を維持している。

▼ジャイナ教　前六〜前五世紀、ブッダと同じ時代にあらわれた、マハーヴィーラが開いた宗教。不殺生の戒律を厳格に守ることで知られる。ジャイナ教徒は、不殺生主義のゆえに、農業はほとんどおこなわず、おもに商業活動に従事している。

▼ゾロアスター教　前七世紀ころ、ゾロアスターが開いた宗教。アケメネス朝、サーサーン朝のもとで栄えたが、イランのイスラーム化とともに衰退した。八世紀ころ、インドに移住したゾロアスター教徒は、パールスィー（「ペルシアの」の意）と呼ばれ、現在も、グジャラート州やムンバイ市などインド西部にみられる。パールスィーは、インドが植民地化されると、いち早く西欧文化を取り入れ、実業界、官界、文化活動などに進出した。ターター財閥はパールスィーである。

動で命を失い、一五〇〇万人以上の人びとが故郷を追われて難民となった。そして、これだけ大きな犠牲をはらって独立したあとも、両国は厳しく対立し、三度も戦火をまじえ、一九九八年には競うようにして核実験をおこなった。

　宗派《コミュナル》暴動は、独立後半世紀以上たった今も、インドでもっとも深刻な社会問題である。それは分離独立▲後しばらくのあいだ下火になっていたが、一九六一年、ジャバルプルという町で大暴動が起こった。そして一九六九年のアフマダーバード暴動以後、ビワンディ（七〇年）、アリーガルなど（七〇～七二年）、ムラーダーバード（八〇年）、ビハールシャリーフ（八一年）、ムラーダーバード（八二年）、ネリー（八三年）、ボンベイ（現ムンバイ）およびビワンディ（八四年）、デリーなど（八四年）、アフマダーバード（八五～八六年）、メーラト（八七年）、バーガルプル（八九年）、アヨーディヤーなど（九二～九三年）、ダーン（九八年）と、大規模な暴動や虐殺事件が続発するようになった。

　最近のもっともむごたらしい事件はグジャラート暴動である。二〇〇二年二月、インド西部のグジャラート州のゴードラーという小さな駅の近くで、汽車旅行中の「ヒンドゥー・ナショナリズム」を支持する人たちと、それに反発す

▼分離独立　一九四七年八月、インドはインドとパキスタンに分かれて独立した。これを「分離独立」と呼ぶ。インドのムスリムは、二十世紀にはいると、全インド・ムスリム連盟を結成するなどして、宗教ナショナリズムにもとづく政治運動を展開した。それは、はじめはインドの枠内における、ムスリムの地位向上や政治的権利の拡大を要求するものだったが、やがて、分離主義に傾斜し、インドはヒンドゥーとムスリムの二つの民族から構成されるとする「二民族論」を唱えるようになり、一九四〇年、「パキスタン決議」によって、インド・ムスリムの国民国家を建設することを目標とするにいたった。「パキスタン決議」後わずか七年で「分離独立」＝パキスタン建国が実現したのは、それまでエリートの政治組織だったムスリム連盟が、ベンガルとパンジャーブの農民大衆のあいだに支持を広げたことによるところが大きいとされる。国民会議派は、ガンディーの非暴力主義の傘の下に、ヒンドゥーとムスリムを統合し、統一インドの独立を実現することをめざしたが、失敗した。

●—**ヒンドゥー教徒の礼拝**（プージャー）　ベンガルの家庭で執りおこなわれているところ。

●—**イード・アル・アドハーのときのムスリムの集団礼拝**　コルカタのラジャバジャルで。

●—**コルカタにあるユダヤ教の会堂**（シナゴーク）

分離独立暴動とガンディー　一九四六年十〜十一月、ベンガル州東部のノアカリ県で激しい宗派暴動が起こった。このときガンディーは、少数の側近を従えただけで、自ら徒歩で農村をまわり、ヒンドゥーとムスリムの融和を説いた。写真前方に見えるのは、暴動の犠牲者の遺骨。後方中央に小さく、肩から上だけ見せている老人が、ガンディーである。一九四七年、インドが独立したとき、ガンディーはいっさいの公職につかず、祝辞も寄せなかった。

る土地のムスリムのあいだに衝突事件が起こった。この事件はまたたくまにグジャラート州全体に拡大し、インド人民党（ＢＪＰ）支持者をはじめとする、「ヒンドゥー・ナショナリスト」と呼ばれるヒンドゥー至上主義の人たちが、州政府や警察の暗黙の（ときには明示的な）支持のもとに、報復としてムスリムを計画的・組織的に虐殺する衝撃的な事件に発展した。ムスリムの死者は公式発表で八〇〇人以上、難民は一四万人以上にのぼった。

「サラダボール」論は理想論ではないのか。そういう疑問がわいてきてもおかしくない現実があるのは確かである。

しかし、一八五七年の大反乱（シパーヒーの反乱、四〇頁参照）や、ガンディーが指導した第一次非協力運動のときに、ヒンドゥーとムスリムが協力したことからわかるように、インドの宗教対立はそれほど古い歴史をもつものではない。十九世紀の末に、宗教がナショナリズムの政治と密接に結びついて以降、しだいに深刻化したにすぎないのである。もっとも、十八世紀初頭からさまざまな宗教のあいだで宗派暴動が起こっていたとする研究がないわけではない。しかし、それらの暴動ははたして、現在われわれが理解しているような宗派暴動と

●―**グジャラート暴動**（二〇〇二年）**の犠牲者**　コルカタまで逃れてきた、クトゥブッディーン・アンサーリーとその家族。

●―**グジャラート暴動に抗議する人たち**　左側に見える鉢巻きをしている大柄な女性は女優のシャバナ・アズミ、中央右寄りの小柄な若い女性は、小説家・評論家のアルンダティ・ロイである。

●―**アヨーディヤー暴動**（一九九二〜九三年）　アヨーディヤーのバーブリー・マスジッドのドームに登る、世界ヒンドゥー会議などの「ボランティア」たち。彼らは、この土地は神話上の王ラーマが生まれた場所であり、そこに建てられていたラーマ生誕寺院を、ムガル帝国初代皇帝バーブルの家臣の将軍が取り壊し、モスクを建てたのだと主張した。この直後、彼らによってマスジッドは完全に破壊され、インド各地で激しい暴動が続いた。

同じものだったのか、概念の定義の問題から始めて、慎重に検討しなければならないようである。

政治の本質的な働きの一つは、敵と味方を区別し、敵を敵だからという理由で抹殺することだといわれる。そういう見方からすれば、ナショナリズムの政治は、自己(自分の属するコミュニティ)と他者(よそ者のコミュニティ)を区別し、他者とのあいだに明確な境界線を引き、他者を排除して自分たちの仲間だけで一つのネーション(政治的コミュニティ)をつくる運動ということになる。インドでは、宗教がそのように自他を区別するもっとも明瞭で、もっとも強力な指標となった。このような宗教と結合したナショナリズムの政治、つまり宗教ナショナリズムは、一九四七年、インドとパキスタンが分離独立したときにピークに達した。それは独立後下火になっていたが、一九八〇~九〇年代以降、ヒンドゥーのあいだで「ヒンドゥー・ナショナリズム」のうねりが高まり、さまざまな社会的・政治的問題を引き起こして現在にいたっている。

本書では、インドは文化の「サラダボール」であるという観点から、インドの二大宗教であるヒンドゥー教とイスラーム教を取り上げ、両者の共生と対立の歴史を、共生に重点をおいてたどってみることにしたい。まず、中世社会において二つの宗教が共生していた様相を説明し、つぎに、植民地支配のもとで〈近代的な〉価値観や制度がもたらされると、宗教を改革する運動が始まり、〈近代的な〉現象として宗教対立が徐々に深まり、やがてそれがナショナリズムと結びつくところまでを明らかにしたいと思う。自分が何者であるか、などという〈近代的な〉アイデンティティ探しとは無縁な世界で、一緒に暮してきた人びとが、〈近代〉の洗礼を受けて、対立しはじめるようになるまでの物語である。

　考えてみれば、政治は敵と味方の区別につきるものではない。人びとの連帯の可能性を追求するのもまた政治である。ナショナリズムにしても、その歴史を調べてみると、排他的で人種的《エスニック》なナショナリズムの裏側で、共和主義的で市民的なナショナリズムの流れも連綿として続いていることがわかる。前者の例としてドイツのナショナリズム、後者の例としてフランス革命のときに昂揚した革命的ナショナリズムをあげることができるであろう。

　インド＝「サラダボール」論には、もうそろそろ〈近代〉の病と訣別して、

●——一九三一年のインド帝国

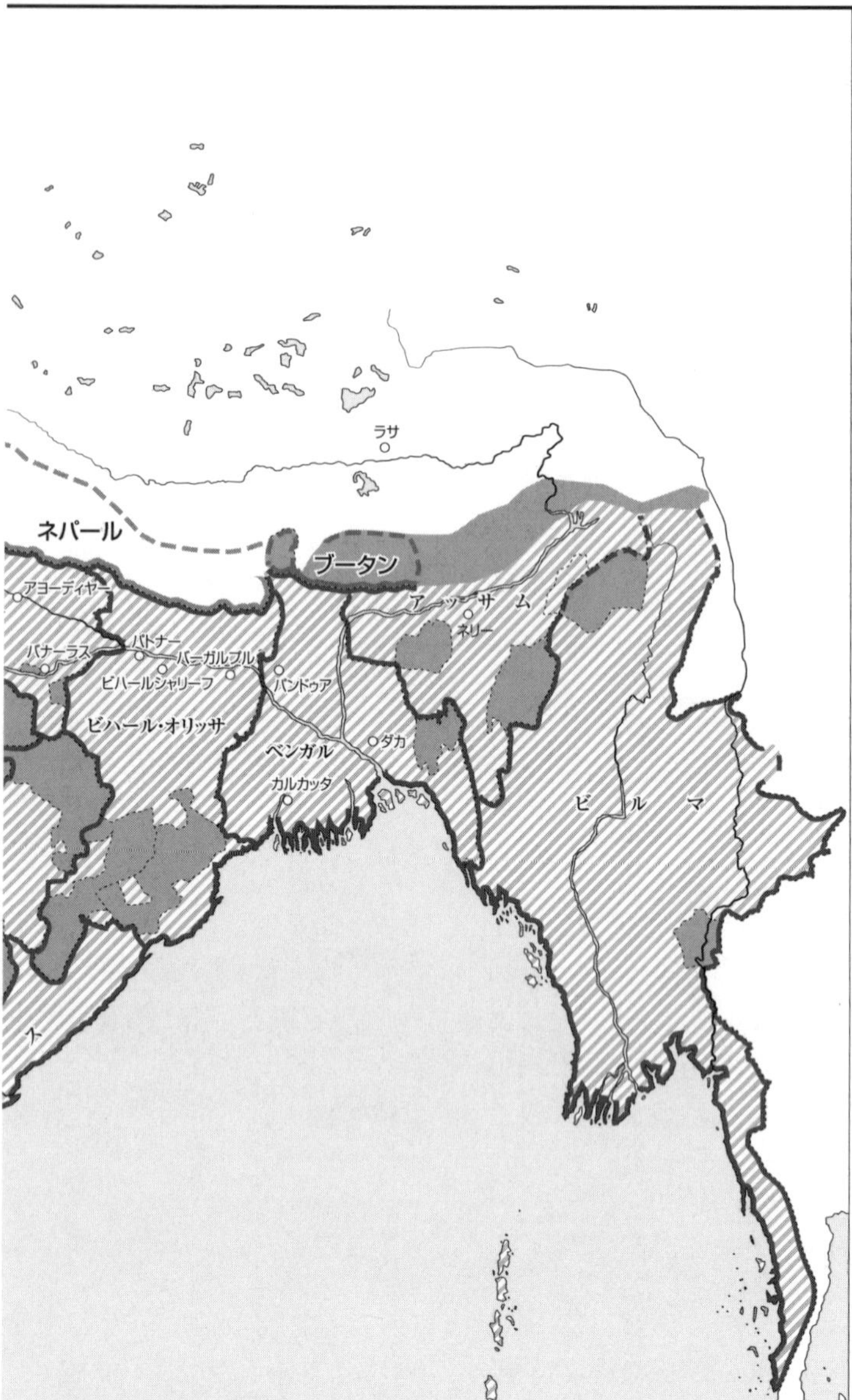

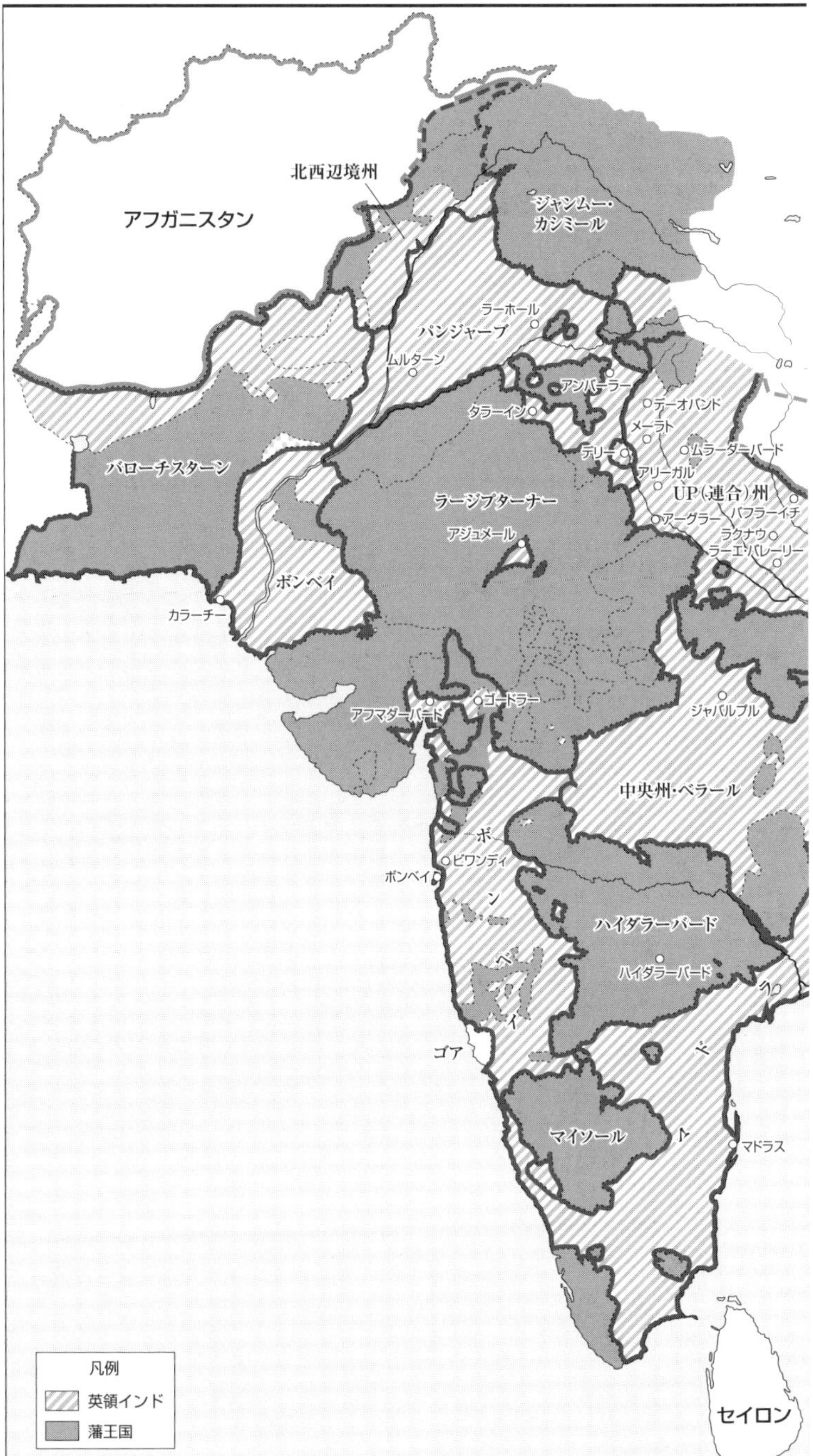
北西辺境州
アフガニスタン
ジャンムー・カシミール
ラーホール
パンジャーブ
ムルターン
アンバーラー
デーオバンド
タラーイン
メーラト
デリー
ムラーダーバード
バローチスターン
アリーガル
UP(連合)州
ラージプターナー
アーグラー
バフラーイチ
アジュメール
ラクナウ
ラーエ・バレーリー
ボンベイ
カラーチー
ゴードラー
アフマダーバード
ジャバルプル
中央州・ベラール
ボ
ビワンディ
ボンベイ
ン
ハイダラーバード
ハイダラーバード
ベ
イ
ゴア
ド
マイソール
マドラス
ム
凡例
英領インド
藩王国
セイロン

敵味方の政治から連帯の政治へ、排他的なナショナリズムから共和主義的で市民的なナショナリズムへ、頭を切り替えようではないか、というメッセージが込められている。その趣旨は、真の意味でポストモダン的な状況が開けてくるなかで、多様な個性が共存し、個が全体のなかに生かされる理想を、もう一度追求してみようということである。もちろん、世の中がそういう方向に動くかどうかはわからない。しかし、もしそういうことになったとき、インドこそもっとも興味深い実験場になることはまちがいないであろう。また、万一その実験に失敗したとき、おそらくインドに未来はないだろうというのが、世界中のほとんどのインド研究者の一致した見方なのである。

①—共生と習合

宗教の垣根

一九一五年、ラーラー・ラージパット・ラーイ▲というインド国民会議▲（以下、会議派）の指導者が、日本を訪れたことがあった。ラーイは、ヒンドゥー教の復興をめざすアーリヤ協会《サマージ》（五四頁参照）に属し、会議派のなかの「過激派」（急進派）とされていた人である。パンジャーブの出身であるところから、「パンジャーブの獅子」という名前で親しまれていた。日本では大隈重信《おおくましげのぶ》などの著名人がラーイをもてなした。

そのラーイの家族のことであるが、祖父はジャイナ教徒の商人であったという。ところが父は、商業カーストのヒンドゥーになっていた。さらに興味深いことに、ヒンドゥーの父はペルシア語学校で勉強し、ペルシア語の教師をしていた。そればかりでない。ペルシア語学校のムスリムの校長先生は人格者で、同級生のあいだからイスラーム教に改宗する者がたくさんでた。ラーイの父は改宗はしなかったものの強い影響を受け、家でイスラーム教の礼拝をするのを

▼ラーラー・ラージパット・ラーイ（一八六五〜一九二八）　国民会議派の過激派（急進派）の指導者。マハーラーシュトラのバール・ガンガーダル・ティラク、ベンガルのビピン・チョンドロ・パルと合わせて、「ラール・バール・パール」と称された。一九二八年のサイモン委員会ボイコット運動のデモのときに、警官隊に警棒で打たれ死亡した。

▼インド国民会議　一八八五年、ボンベイで結成された政党。当初は、インド人エリートが年一回集まって政治問題を討議する穏健な組織にすぎなかったが、やがてラーイ、ティラク、パルなどの過激派（急進派）が影響力を強め、ベンガル分割反対運動（一九〇五年）などをつうじて、民族運動を指導する政治組織へと成長した。ガンディーが登場すると、大衆的基盤をもつ近代的な政党に脱皮し、非暴力主義のイデオロギーのもとに、インドを独立に導いた。独立後はネルー首相を擁して国民国家形成を担い、現在も有力政党として重要な役割をはたしている。

ラーラー・ラージパット・ラーイ

欠かさず、ラマダーンには断食をし、妻には家でヒンドゥー教の儀礼をおこなうのを禁じていた。イスラーム教の改革者サイイド・アフマド・ハーン(七一頁参照)の著書が出版されると、その主張に共感して彼の支持者となったという。

この事例から、パンジャーブでは宗教が共生・融合する雰囲気が濃厚で、宗教のあいだの垣根が、現代よりずっと低かったことがうかがわれるであろう。このような雰囲気が急速に変わっていくのは、植民地支配が始まり、パンジャーブの社会にさまざまな意味で〈近代〉が持ち込まれてからのことである。ほとんどムスリム同然になっていた父から、ヒンドゥー教の復興をはかるアーリヤ協会の息子への世代交替は、〈近代〉のパンジャーブで起こった宗教的心性の変化をくっきりと映し出している。

本章では、インドでヒンドゥーとムスリムの共生を可能にし、また、必要にしてきた条件を、歴史的条件と地理的条件とに分けて考察し、最後に共生のもっともわかりやすい例として、習合《シンクレティズム》の事例にふれることにしたい。

ギヤースッディーン・トゥグルクの墓　デリーのトゥグラカーバードの南側にある。ギヤースッディーンは、デリー・スルターン朝のなかで三番目にあたる、トゥグルク朝を創始した。在位一三二〇～二五年。

イスラーム勢力の政治的進出とその記憶

インドではさまざまなイスラーム王朝の支配が、十三世紀から十八世紀までおよそ五世紀のあいだ続いた。この時代にインド全域にイスラーム教が浸透し、それと同時に、ヒンドゥー教とイスラーム教は複雑な関係を切り結びながら、安定的に共生することを可能にする社会を形成していった。それはどのような歴史的プロセスだったのであろうか。⑴中世インドにおけるイスラームの支配の性格、⑵インドへのイスラーム教の伝播と浸透のプロセス、⑶中世インドにおけるヒンドゥー教の新しい展開、これら三点について、現時点で有力と考えられる研究が明らかにしているところをまとめてみよう。

イスラーム勢力がインドに達したのはかなり早く、八世紀にウマイヤ朝の軍隊がスィンド地方（インダス川の河口にあたる地域）に進入し、ムルターンに達したのがはじめであった。このころのインドではすでに、海岸の町にムスリムのコミュニティが存在していた。アラビア海を渡って、ムスリムの商人や船乗りが交易をするために渡来していたのである。現在のインドの南部の西海岸沿いに分布するムスリムは、彼らの系譜を引くと考えられる。

しかしイスラーム王朝が成立するのは、かなり時代がくだってからのことである。十世紀後半、軍事的進入の第二の波が始まった。そして、一一九二年、アフガニスタンから進出してきたゴールのムハンマド▲が、デリー北西のタラーインというところで、プリトヴィーラージャという王の軍隊を打ち破った。翌年彼はデリーを落として根拠地とし、さらに北インドの主要都市を征服した。ムハンマドは麾下《きか》の武将アイバクにデリーと北インドの支配地を委ねた。他方、別の武将がベンガルに遠征し、セーナ朝▲の首都を陥落させた。一二〇六年、ムハンマドが没すると、アイバクはデリーに独立した王朝を建てた。この王朝は、アイバクが奴隷出身だったので奴隷王朝と呼ばれる。こうして、五つの王朝が交替することになる、デリー・スルターン朝▲の支配が始まった。

十六世紀半ば、中央アジアからやってきたティムールの末裔《まつえい》バーブルが、デリー・スルターン朝を倒し、ムガル帝国▲を建てた。ムガル帝国の支配は、アクバル▲、シャージャハーン、アウラングゼーブなどの皇帝のもとで、およそ一世紀半、十八世紀初頭まで続き、その最大版図はインドの大部分におよんだ。

このようにインドの外部からはいってきたムスリムの支配層は、ヒンドゥー

▼ゴールのムハンマド（ムハンマド・ゴーリー）　アフガニスタン東部のゴールを中心とするゴール朝のスルターン、ムイズッディーン・ムハンマド（一二〇六没）のこと。一一七五年以降、たびたびインドに侵攻した。

▼セーナ朝　十一世紀末から十三世紀後半まで、ベンガルを支配したヒンドゥーの王朝。王家は南インドのカルナータカの出身。十二世紀、パーラ朝にかわって、ベンガル全域に勢力を広げたが、一二〇四年、バフティヤール・ハルジーに首都ナディヤーを落とされ、衰退した。

▼デリー・スルターン朝　十三世紀初めから十六世紀初めまで、デリーを首都にして栄えた五つのイスラーム王朝のことをいう。すなわち、奴隷王朝（一二〇六〜九〇年）、ハルジー朝（一二九〇〜一三二〇年）、トゥグルク朝（一三二〇〜一四一三年）、サイイド朝（一四一四〜五一年）、ローディー朝（一四五一〜一五二六年）である。これらの王朝の王はスルターンの称号を用いた。

の支配層とどのような関係に立ったのであろうか。最近の研究は、両者は、ムスリム社会とヒンドゥー社会を代表して対立・抗争するというよりも、「インドの支配層」としてたがいに協調したり影響をおよぼしたりしていたと考えるのが妥当だとしている。そもそも、インドの中世で興亡を繰り返した王朝の支配層が、ヒンドゥー王朝とかイスラーム王朝とかいうような自己認識をもっていたかどうか疑わしい。王朝を宗教によって二分し、両者が敵対し抗争していたかのようにみる視角は、〈近代〉になってイギリスが持ち込んだものにすぎない。中世インドの政治においては、そういう〈近代的な〉二分法とは異なるロジックが働いていたようである。

例えば、ムガル帝国の建国以来の支配体制の基本は、ヒンドゥー支配層を取り込んだもので、帝国はムスリムとヒンドゥーの支配層の連立政権としての性格をもっていた。帝国の統治機構を再編整備したアクバルは、婚姻関係を結んだり、高位高官につけることなどをつうじて、ラージプート▲次頁の王侯たちと固い同盟関係を築いた。ラージプートの忠誠は、アクバルの帝国の確立と拡大にとって重要な要素となっていた。ジズヤ(人頭税)を課するなどヒンドゥーに厳し

▼ムガル帝国(一五二六〜四〇、五五〜一八五八年)　一五二六年、ティムールの子孫であるバーブルが創始した王朝。第二代皇帝フマーユーンのとき、シェール・シャーに敗れたが、帝国を再興するのに成功した。第三代皇帝アクバルは北インド一帯に支配を広げ、統治制度を整備し、帝国繁栄の基礎を築いた。第六代皇帝アウラングゼーブのとき、ほぼインド全域を支配下におさめた。一七〇七年、アウラングゼーブが没すると、帝国は急速に解体した。

▼アクバル(一五四二〜一六〇五、在位一五五六〜一六〇五)　ムガル帝国の第三代皇帝。読み書きができなかったと伝えられるが、名君の誉れ高く、税制、官僚制、軍制を整え、極めて寛容な宗教政策をとった。

い政策をとったアウラングゼーブ帝の治世(一六五八〜一七〇七年)においてさえ、貴族の三分の一はヒンドゥーから成り、その大部分はラージプートやマラーター▲であった。この帝国がヒンドゥーのマラーター同盟と戦ったのは、支配の末期のことにすぎない。

また、ヒンドゥーの王国である南インドのヴィジャヤナガル王国▲は、隣接するイスラーム王朝とたびたび戦ったため、イスラーム諸王朝にたいするヒンドゥーの抵抗の象徴として描かれることがある。しかし両者の支配体制を比較してみると、かなり共通点をもっていたことが明らかである。例えば、王国の最強の王はスルターンの称号を用い、軍人にジャーギール地(給与地)を与え、ムスリムの戦法を取り入れるためにたくさんのムスリムを軍隊に登用していた。時代的・地政学的な条件を共有していた以上、王朝の支配者が異なる宗教を奉じていたからといって、異なる支配体制をもつようになる必然性はなかったと考えられるのである。

それでは、イスラーム王朝は、ヒンドゥー教とヒンドゥー教徒にたいしてどのような政策をとったのであろうか。右派のヒンドゥー・ナショナリストは、

▼ラージプート　サンスクリット語のラージャプトラ＝王子の俗語形。西部インドから中部インドにかけて住むヒンドゥーのカースト。強い氏族的紐帯で結ばれ、武人的な伝統を誇りとし、八世紀以後、多くの有力な王朝を建てた。クシャトリヤを自称するが、五世紀にインドにはいった中央アジア系種族の血を引くといわれ、出自は明確ではない。

▼マラーター　インド西部、マハーラーシュトラ州のカースト名。また、住民一般のことも指す。マラーターは、マラーター同盟を建てたシヴァージーが属したサブ・カーストの名であるが、のちに、農民カーストであるクンビーらがマラーターを自称するようになり、非常に大きな集団に膨れ上がった。現在、マハーラーシュトラ州の人口のおよそ半分が、マラーター・カーストであるといわれる。

▼ヴィジャヤナガル王国　南インドのヒンドゥー王国(一三三六〜一六四九年)。ヴィジャヤナガルは「勝利の町」の意。クリシュナデーヴァラーヤ王(在位一五〇九〜二九)のとき

に最盛期をむかえたが、一五六五年、ターリコータの戦いに敗れ、衰退した。

イスラームの圧政の象徴としてヒンドゥー寺院の破壊を強調し、六万もの寺院が破壊されたと主張する者さえいる。しかし実態はどうだったのであろうか。

最近の研究は、タラーインの戦いから十八世紀半ばまでの六〇〇年弱のあいだに、ムスリムの支配者が破壊したと記録に残るヒンドゥー寺院の数は、八〇であることを明らかにした。破壊の動機は、はじめのころは、寺院の財宝を目当てにした財政的なものが主であり、その後目的は、ムスリムと戦ったヒンドゥーの支配者の支配の正統性を打倒することに移ったという。インドの中世社会においては、王権と寺院は相互依存的な関係にあった。そのため、戦場での勝利を確実なものにするためには、王権と密接に結びついた寺院を破壊する必要があったのである。ムスリムの支配者は、「聖戦」とか「偶像破壊」とかいった宗教的な動機というよりはむしろ、現実的な政治的打算にもとづいてターゲットを選び、ヒンドゥー寺院の破壊を実行していたことになろう。

その一方で彼らは、大多数の寺院はそのまま残し、住民の信仰には干渉しない政策をとった。それどころか、ムスリムの支配者が寺院を庇護することさえふつうにおこなわれていた。少数派による支配を安定させるためには、住民の

▼**UP州**　イギリスは十八世紀末から段階的に、バナーラスからパンジャーブの東の縁にいたる広大な地域を征服し、この領土を「割譲・辺境州」と呼んだ。この州は一八三五年に「北西州」と改称され、さらに七七年、「アワド」と合併し、一九〇一年にいたって「アーグラー・アワド連合州」と呼ばれることとなった。この州は、現在のインドのウッタル・プラデーシュ州に相当する。本書ではこの北インドの大きな州をUP州と呼ぶことにする。

信仰を取り込んだほうが賢明だという現実的判断が働いたのである。

インドへのイスラームの政治的進出の性格を検討しようとするとき、もう一つ重要になるのは民衆の意識の問題である。征服戦争の体験をインドの民衆はどのように消化し、自分たちの社会と文化のなかに位置づけたのであろうか。

現在のインドの一部には、狂信的で、好戦的で、淫らで、残酷という、定型化されたムスリム像がみられる。そして、ムスリムをそういう本質をもった人間とみなす根拠として、征服戦争や圧政的なイスラーム支配があげられるのがふつうである。しかし近代のインドでムスリムがどのように描かれてきたか調べてみると、そういう定型的な観点から歴史や文学作品が書かれるようになったのは、十九世紀後半からのことにすぎないことがわかる。征服戦争や圧政の「史実」に根拠をもつとされるムスリム・イメージは、じつは〈近代〉になってから〈構築〉されたものにすぎないのである。それでは、インド中世社会のなかで征服戦争はどのように記憶され、後世に語り伝えられたのであろうか。

UP州▲の州都ラクナウの北北東にバフラーイチという町がある。ここにムスリムの聖戦士ガーズィー・ミヤーンのものと伝えられる聖者廟があり、北インド一帯の人びと(ヒンドゥーとムスリムの両方)の信仰を集めている。この聖者廟は昔から有名で、一三四一年には、イブン・バットゥータが訪れている。

聖者伝や物語詩によれば、ガーズィー・ミヤーンは、征服者ゴールのムハンマドの甥で、北インドを征服したのは、じつはムハンマドではなく、ガーズィー・ミヤーンその人であるとされている。一〇三三年、ガーズィーとその部下は、ヒンドゥーの王とバフラーイチで戦い、全員が殉教の死をとげた。そのとき、ガーズィーはわずかに十九歳であったという。

伝承ではガーズィーは、まだ女性を知らない清らかな若者として描かれている。礼拝の前には沐浴《もくよく》するのを欠かさず、料理された食物をヒンドゥーの王から受け取るのを拒んだ。この若者の結婚式の当日、ヤショーダーという名の王妃が、祝いのしるしのミルクのかわりに、血でいっぱいに満たされた手桶をもって訪れる。彼女は、ヒンドゥーの王の裏切りによって、彼女の夫の王と牛飼いの臣民が虐殺されたと訴えた。「雌牛を救え」という彼女の呼びかけに応じて、ガーズィーは結婚式場から立ち上がり、戦闘に赴き殉教するのである。

この伝承から、ガーズィーは架空の人物であり、その背後に、ムスリムの武将が当時の辺境地域を戦争によって征服し、牛飼いのカーストを主体とするヒンドゥーの住民を支配下におさめた事実があることを推定するのは、容易であろう。同じようなできごとは数多くあり、だからこそ、ガーズィーこそ北インドの征服者である、という伝承が生まれたのであろう。他方、そうした征服の事実がどのように記憶されてきたかという観点からみてみると、この伝承が興味深いのは、ガーズィーがイスラーム教のためばかりでなく、雌牛つまりヒンドゥー教のためにも殉教したことになっている点である。そして、戦争(対立)という物語の枠組みに、結婚(和解)という枠組みが付け加えられ、そのなかにヒンドゥー教的なモチーフがふんだんにちりばめられている。ヤショーダーはヒンドゥー教ヴィシュヌ派の主神の一人クリシュナの乳母の名前であり、礼拝の前の沐浴や食物の受取りの拒否は、バラモン▲の慣習を思い起こさせる。

北インドの民衆が育てたガーズィー崇拝と彼にかかわる伝承は、征服戦争の記憶を消去して、はじめからヒンドゥーとムスリムは仲がよかったなどといいはしない。あるいは逆に、征服戦争の記憶を、ヒンドゥーとムスリムの憎悪をあおる材料に利用しようとしたりはしない。むしろそれは戦争の事実を、殉教

▼バラモン　カースト制の四つのヴァルナ(種姓)の一つ。サンスクリットではブラーフマナ、英語ではブラーマン、ブラーミンという。「バラモン」は、ブラーフマナの音写である「婆羅門」を、そのまま音読みしたもの。四ヴァルナの最高位で、司祭階級とされ、祭式の執行とヴェーダの学習・教授を伝統的な職業とする。ただし、困窮した場合は、農耕をすることを許されるとされ、事実、農耕に従事するバラモンも存在する。

というイスラーム的なイディオムと、血でいっぱいの手桶というヒンドゥー的なイディオムを用いて示したうえで、流血のあとに続いたに違いない、ヒンドゥーとムスリムの和解と共生へ向けた長い歴史的なプロセスを、象徴的に語っているのである。

「改宗」のあり方

ムスリムが政治権力を握っていたことが、イスラーム教の浸透に有利に働いたことはまちがいない。しかし、インドの場合、大勢としては、政治的・軍事的な力による「改宗」よりも、非軍事的・非強制的なかたちをつうじた「改宗」のほうが重要だったと考えられている。そのかたちとは、ムスリム商人や船乗りの交易活動、イスラーム神秘主義者（▲スーフィー）の宗教活動、および開墾である。ここでは後二者について述べることにしよう。

イスラーム教への「改宗」は、非常にゆるやかに進んだ。「改宗」というと内面的な決断や飛躍を想像させるが、インドの中世社会における「改宗」とはそういうものではなく、むしろ、一族郎党やカーストなどのさまざまな

▼スーフィー　アラーとの神秘的合一を体験するために、禁欲的に修行に励む人びとをいう。歴史的には、九世紀から文献にあらわれ、十二世紀以降、スーフィーの活動は民衆のあいだに広がり、組織化された。語源的には、羊毛（スーフ）の粗布をまとって、修行に専念する人の意味であるとされる。

社会集団《コミュニティ》が、徐々にイスラーム文明に「同化」していく、非常に時間のかかるプロセスであったと考えられる。「同化」の仕方や程度には社会集団によって大きな違いがあり、その結果、イギリス人が植民地支配を始めたとき、驚くほど多様な信仰の形態や社会慣習をもつ「ムスリム」を見出すこととなった。

非政治的・非軍事的な「改宗」＝「同化」のプロセスを、インドでいちばん多くのムスリム人口をもっていた二つの地域、ベンガルとパンジャーブについてみてみると、つぎのようになる。

ベンガルのムスリムの圧倒的多数は農民である。しかし、ムスリム農民の集団が史料にあらわれるのは、一五九九年のことにすぎない。ベンガルがムスリムの武将に征服されたのは十三世紀初めであるから、イスラーム教の信仰が一般農民に広がるまで、四世紀近くかかった計算になる。これはどういうことなのであろうか。

ベンガルへのイスラーム教の浸透は、二つの段階をへて進んだ。イスラーム王朝の樹立とともに、ベンガルより西にあるインドの諸地域から、また遠くは、イラン、アフガニスタン、中央アジア、アラビア、アビシニア(エチオピア)、

ベンガルのアディナ・モスク　一三七四年に、現在の西ベンガル州マルダ県パンドゥアに建立された。これはミフラーブの部分の写真で、装飾にヒンドゥー建築の影響がみられる。

アフリカから、ムスリムの貴族、官僚、軍人、聖職者、スーフィー、遠隔地交易商人などが都市部に移住してきて、支配層を形成した。また、ベンガル社会の上層部が「改宗」して、支配層に組み込まれた。これが第一段階である。しかし、ムスリム支配層は現地人、つまりベンガル人とは明確に異なる社会集団を形成し、彼らを取り巻く非ムスリム社会の宗教にたいしては不干渉政策を貫き、イスラーム教を国教とすることすらしなかった。この支配層はのちに、「アシュラーフ」と呼ばれるようになった。

他方、ガンジス川のデルタにあたるベンガルの東部は、深い森におおわれていた。それが十六世紀末になると、森を切り開いて水田に変える開墾が急速に進むようになる。この新しい胎動は、「地理上の発見」で世界貿易が拡大し、インドに大量の銀が流入するようになったことと連動していた。ムガル帝国は、十六世紀末にベンガルにまで支配を拡大すると、地租を減免して有力者に土地を授与し、大規模な開墾を推進した。このとき開墾の組織者になった者にムスリムが多く、また、開墾地にモスク（開墾者がヒンドゥーの場合は寺院）を建てることが義務づけられたこともあって、開墾の労働に従事した農民が、集団でイ

▼ダリト　語義は「引き裂かれた者」「踏みつけにされた者」「抑圧された者」。不可触民（アンタッチャブル）という呼称は他称なので、「ダリト・パンサー」という不可触民の解放運動組織やそれを支持する人たちが、自称として「ダリト」を使いはじめ、それが一般化した。今は「ダリト」と呼ぶのがふつうになっている。

ムイーヌッディーン・チシュティー
（一二三六没）

スラーム化したとされる。彼らの多くは、チャンダーラなどのダリト▲（不可触民）であった。この開墾の過程は、後世、スーフィーの聖者《ピール》によって進められたと記憶されるようになるが、はたして、スーフィー教団の聖者が開墾を組織したのか、あるいは逆に、開墾を組織した有力者が聖者として崇められるようになったのか、判然としない。おそらく両方のケースがあったのであろう。

　このようにベンガルでは、イスラーム教は、征服にともなう移住と「改宗」が一段落すると、上から下へ滲《し》みわたるようにして、長い時間をかけて広まっていった。イスラーム教を受容した農民は、おもにヒンドゥー社会の下層カーストからなり、そもそも彼らのあいだで、バラモンが唱道するヒンドゥー教の教えがどれだけ受け入れられていたか、疑わしいような状態であった。つまり、ベンガルで起こったことは、ヒンドゥー教からイスラーム教へというふうに、一直線の矢印で示せるような単純なプロセスではなかったのである。したがって、農民にイスラーム教が受容されたといっても、それが現在私たちが理解するようなイスラーム教だったのかどうか、疑わしいことになる。結論だけいえば、それはイスラーム教というよりもむしろ、ヒンドゥー教的な色彩にいろどられた「アラー崇拝《カルト》」と呼ぶべきものではなかったかとされている。

パンジャーブでは事情が違い、中心な役割をはたしたのはスーフィー教団の宗教活動であった。インドでもっとも有力なスーフィー教団はチシュティー教団▲で、その歴史は十二世紀に遡り、教えをインドにもたらしたムイーヌッディーン・チシュティーの聖者廟《ダルガー》があるアジュメールを中心に、全インド的なネットワークを形成していた。西パンジャーブで有力なチシュティー教団の聖者廟は、バーバー・ファリードという聖者を祀るものである。西パンジャーブのムスリムの多くは、このバーバー・ファリードを聖者として崇拝し、聖者廟を中心に宗教生活をいとなんでいた。というのは、伝承によれば、彼らはバーバー・ファリードの導きによって同族団（ビラーダリーと呼ばれる父系親族集団）ごと改宗したとされているからである。

このようにスーフィーの影響によって「改宗」が進む現象は、インド各地で広くみられた。例えばデカンでは、スーフィーがつくった俗謡が仕事歌として女性に受け入れられ、ヒンドゥーがイスラームに「同化」していく有力な契機になったという、興味深い例が報告されている。

▼**チシュティー教団**　アフガニスタンのチシュトで、アブー・イスハークによって創始されたスーフィー教団。インドでの発展は、十二世紀に、ムイーヌッディーン・チシュティーが修道場をアジュメールにおいたことに始まる。有力になるにつれ、政治権力者との関係を深め、デリー・スルターン朝からムガル帝国にかけて、大きな影響力を誇った。

ムイーヌッディーン・チシュティーの聖者廟（ダルガー）　アジュメールにある聖者廟の内部の写真。人が二人立っている向こう側に棺があり、その周りを歩いて回れるようになっている。参詣者は棺のかたわらに立って、祈りを捧げ、願をかける。

デリーのニザームッディーン・アウリヤーの聖者廟　ニザームッディーン・アウリヤー(一三二五没)はチシュティー教団の高名なスーフィーで、デリーに修道場を開いて活動した。

このようなことが可能だったのは、スーフィーの思想がヒンドゥー教と親近性をもっていたからだと考えられる。スーフィーの聖者崇拝は、優れた神秘主義者が奇跡を起こす力(バラカ)をもつとして、その人とその人の墓を信仰の対象とするものである。したがって厳格なムスリムからみれば、否定されるべき偶像崇拝にあたる。しかしヒンドゥーの立場からすれば、ヒンドゥー教の延長上にとらえることのできる、極めてわかりやすい信仰形態だということができる。また、スーフィーが神との神秘的な合一を体験するためにおこなう修行が、ヨーガと共通する点をもつなど、スーフィーの神秘主義とヒンドゥー教が育ててきた神秘主義とのあいだには、多くの類似点があった。

なお、スーフィー教団はたんなる宗教組織ではなく、時のムスリム支配者と密接な関係を保ち、状況によっては、自ら地方的な支配者として振る舞うことがあった。このこともスーフィーの影響力を考えるうえで、重要な要素である。

バクティ運動の展開

ヒンドゥー教は、神道と同じように、民族宗教に分類される多神教である。

クリシュナとラーダー　クリシュナは、ヴィシュヌ神の一〇の化身の一人。クリシュナは、聖典『バガヴァッドギーター』では、苦悩する戦士アルジュナと、哲学的な問答をする英雄神である。しかし、民衆の伝説の世界では、王族に生まれたが、ゆえあって、牛飼村に預けられて成長したとされる。少年期より奇跡的な力を発揮して悪魔を退治するが、一方、青年クリシュナは牧女の憧れの的となる魅力的な男性で、月夜の晩、彼女たちと牧歌的に戯れる。ラーダーはそうした牧女の一人で、人妻でありながらクリシュナの愛人となった。クリシュナは青い皮膚をもち、踵に致命的な弱点をもっていた。

宗教儀礼はおもに家庭で執りおこなわれ、信者が定期的に集団で礼拝する制度をもたない。そして、カースト制という差別的な身分制度を本質的な構成要素としてもっている。このように、外面的な特徴だけ取り出すと、ヒンドゥー教はあらゆる意味で、イスラーム教と対照的な宗教のようにみえる。しかし中世のインドでは、バクティ思想という民衆的で神秘主義的な新しい教えが広まった。

「バクティ」は「信愛」「誠信」などと訳される。神に絶対的に帰依し、神との神秘的な合一を経験し、神の恩寵《おんちょう》によって救い（解脱《げだつ》）をえようとするヒンドゥー教の思想をあらわす言葉である。バクティ信仰の対象となる神は、ヴィシュヌ神の化身であるクリシュナ神やラーマ神で、神と帰依者との関係は、主人と従者、友人同士、親と子、男性と恋する女性といった、わかりやすい関係に置き換えて表現された。

バクティ思想はカースト制などの既存の社会秩序を鋭く批判し、バクティ運動のメッセージは、サンスクリット語ではなく地方語で書かれた神への讃歌をつうじて、一般民衆に伝えられた。その哲学的な基礎は、南インドのラーマーヌジャ▲によってすえられ、十五～十六世紀になると、ベンガルのチャイタニヤ▲、北インドのラーマーナンダ▲、カビール▲のような偉大な指導者が出現し、力強い民衆運動として発展した。カビールは、バラモンの家に生まれたが、ゆえあってムスリムの織工に育てられたと伝えられる。彼はすべての宗教は本質的に同一であり、すべての人間は平等であるという認識に達し、それを平易な詩で表現した。

バクティの思想は、イスラーム教が伝来する前からインドにあったものである。しかし、民衆的な宗教感情の広汎で自然な発露は、ヒンドゥーの王権とそれに結びついたバラモンの影響力が後退してはじめて可能になったと考えられ、その意味では、イスラーム教の進出の所産であったといってよい。インドの中世において、ヒンドゥー教の側でバクティ運動、イスラーム教の側でスーフィズムという、神秘主義の基盤に立つ信仰が、民衆の心をとらえたことは重要な現象であって、そのことが、対照的な性格をもつようにみえる二つの宗教が共生する、基礎的な条件の一つになったと考えられる。

▼ラーマーヌジャ（一〇一七～一一三七）　現在のチェンナイの近くに生まれた。南インドのヴィシュヌ派のあいだで盛んだった民衆的なバクティ信仰に、ヴェーダーンタ哲学によって哲学的な基礎を与えた。

▼チャイタニヤ（一四八五～一五三三）　現在のコルカタの北方にある町に生まれ、ヒンドゥー教チャイタニヤ派を開いた。チャイタニヤ派は、讃歌（キールタン）を合唱し、歌い踊りながら行進し、クリシュナとラーダーに熱狂的に帰依する。ベンガル語ではチョイトンノという。

▼ラーマーナンダ（一四〇〇頃～七〇頃）　南インドの出身であるが、バナーラス（ヴァーラーナシー）で学び、活動した。ヴィシュヌ神の化身であるラーマと、その妻のスィーターに絶対的に帰依することを説いたが、その教説はほとんど今に伝わっていない。カビールはラーマーナンダの弟子であるとされることがある。

▼カビール（一三九八～一四四八頃、あるいは、一四四〇～一五一八頃）

ヒンドゥーの家庭での礼拝（プージャー）　この老婦人は、棚の上段に導師（グル）の写真、中段にクリシュナとラーダーの像、下段に母親の写真をかざって、毎日食事の前に礼拝をする。

讃歌（キールタン）**を歌うヴィシュヌ派の信徒たち**

ムスリムの分布

インドへのイスラーム教の浸透は、数世紀もの長い時間をかけて、政治的・軍事的支配、交易活動、宗教活動、開墾などの多様な径路をつうじて進んだ複雑なプロセスであった。そのため、ヒンドゥーとムスリムの空間的分布は、複雑に入り組んだパターンを示すようになった。このパターンを検討すると、インドのヒンドゥーとムスリムが、共生する以外に選択肢がないような、切っても切れない関係におかれていたことが納得されるであろう。

一九三一年の国勢調査《センサス》のデータで、インドのヒンドゥーとムスリムの地理的分布をみてみよう（三二〜三三頁、三五頁参照）。

このときのインドの総人口は、およそ三億五三〇〇万人（ビルマを含む）、そのうち、ヒンドゥーが六八・二％、ムスリムが二二・二％であった。比率のうえからは、ヒンドゥーはゆるぎない多数派を形成していた。しかし人口比だけみていては、インド社会におけるムスリムの重みと、ヒンドゥーとムスリムの関係の複雑さを見誤ることになる。

ムスリムの地理的分布をみてみると、ベンガルとパンジャーブに集中する傾

おもな州と藩王国のヒンドゥーとムスリム（一九三一年）

		人口（千人）	ヒンドゥー（%）	ムスリム（%）
藩王国	グワーリヤル	3,523	92.86	5.86
	ハイダラーバード	14,436	84.35	10.63
	マイソール	6,557	91.74	6.08
	トラヴァンコール	5,096	61.52	6.93
	バローダ	2,443	88.09	7.48
	ジャンムー・カシュミール	3,646	20.19	77.28

（＊１）ビルマを含む
（＊２）スィク教徒は12.99%
（＊３）アデンを含む
出典：*Census of India, 1931.*

向を示し、それぞれ人口比五四・九%、五六・六%と、多数派を形成していたことがわかる。ベンガルは、ムガル帝国の時代にはもっとも豊かな州の一つとして帝国の財政を支え、十八世紀にイギリスの植民地支配が始まると、植民地支配の中枢として重要な位置を占めた。パンジャーブは古代から戦略的な要地で、イギリス植民地支配のもとでもインド防衛のために重要視され、十九世紀後半からは灌漑に集中的な投資がなされて、先進的な農業地帯として登場してきていた。この二つの有力な州で多数派だったことは、近代インドにおけるムスリムの位置を考えるとき、非常に重要である。

他の地域をみてみると、商都ボンベイをもつボンベイ州は人口のおよそ二〇%、インドの中原の地ともいうべきＵＰ州は、一五%近くのムスリム人口をもっていた。ＵＰ州のムスリムは都市に住む傾向が強く、人口比から想像されるよりもずっと大きな社会的影響力をもっていた。例えば、ＵＰ州の公用語は長いあいだ、ムスリムの言葉とされるウルドゥー語であった。また、一九一二年以降インドの首府となったデリーは、歴史的にムスリムの都市であり、一八五七年の大反乱で破壊されたのちもなお、人口の三三%以上がムスリムであった。

		人口(千人)	ヒンドゥー(%)	ムスリム(%)
インド(＊1)		352,838	68.24	22.16
州	アッサム	8,622	57.20	31.96
	ベンガル	50,114	43.04	54.87
	ビハール・オリッサ	37,678	82.31	11.32
	ＵＰ州	48,409	84.50	14.84
	デリー	636	62.85	32.53
	パンジャーブ(＊2)	23,581	26.84	56.55
	ボンベイ(＊3)	21,931	76.05	20.39
	中央州・ベラール	15,507	86.01	4.40
	マドラス	46,740	88.31	7.07
	北西辺境州	2,425	5.90	91.84

南インドでは、ハイダラーバードを除き、ヒンドゥーが圧倒的に優勢であった。しかし、三五頁の地図から明らかなように、デカンからケーララにかけてムスリムが広く分布していることは、見逃せない特徴である。

つぎに重要なのは、ムスリムは少数派だったといっても、もともとインドの総人口が大きいので、人口が七八〇〇万人にものぼったことである。当時の日本の人口は六四〇〇万人強である。それを一〇〇〇万人以上上回るムスリムが、インドに住んでいたのである。

第三に、町や村のレベルでどういう状態だったかというと、町ではヒンドゥーとムスリムは一緒に暮していた。町のなかには、それぞれが多数派を形成する居住区があったが、しかし、現在のような厳しい「住分け」がおこなわれていたとは考えられない。居住区のなかでは、少数派が平穏に暮しをいとなんでいるかぎり、多数派は少数派を保護しなければならないという暗黙の了解があった。村においても、多くの場合、ヒンドゥーとムスリムはそれぞれ居住区をつくって、一緒に暮していた。現代インドにみられる「住分け」は、十九世紀末以降の宗派《コミュナル》暴動や分離独立を契機に強化されてきたものなのである。

このように、インドでは、ムスリムとヒンドゥーは、地域によって濃淡の差はあるものの、混じり合って暮し、つぎの項でその一端を示すように、社会生活や経済生活で密接な関係を結んでいた。「サラダボール」と呼んでよいような状況が実際にあったのである。それは長い時間をかけて徐々にできあがった、歴史的形成物であった。

このことを裏返していうと、ヒンドゥーとムスリムを分離させようとしても、それを実行に移すのは、社会工学的にみても、他の観点からみても、そもそも不可能に近かったということになる。両者はともに生きてきたし、将来もともに生きていかなければならない存在であった。分離独立直前の一九四〇年ころまでは、それがインド人の大部分が共有する一般的な了解だったと考えられる。その後数年のあいだに政治状況が一変し、一九四七年にインドとパキスタンの分離独立が強行されるようになるが、それがいかに無理なものであったかは、「生体解剖」にたとえられる、分離独立の凄惨《せいさん》なプロセスが如実に示している。

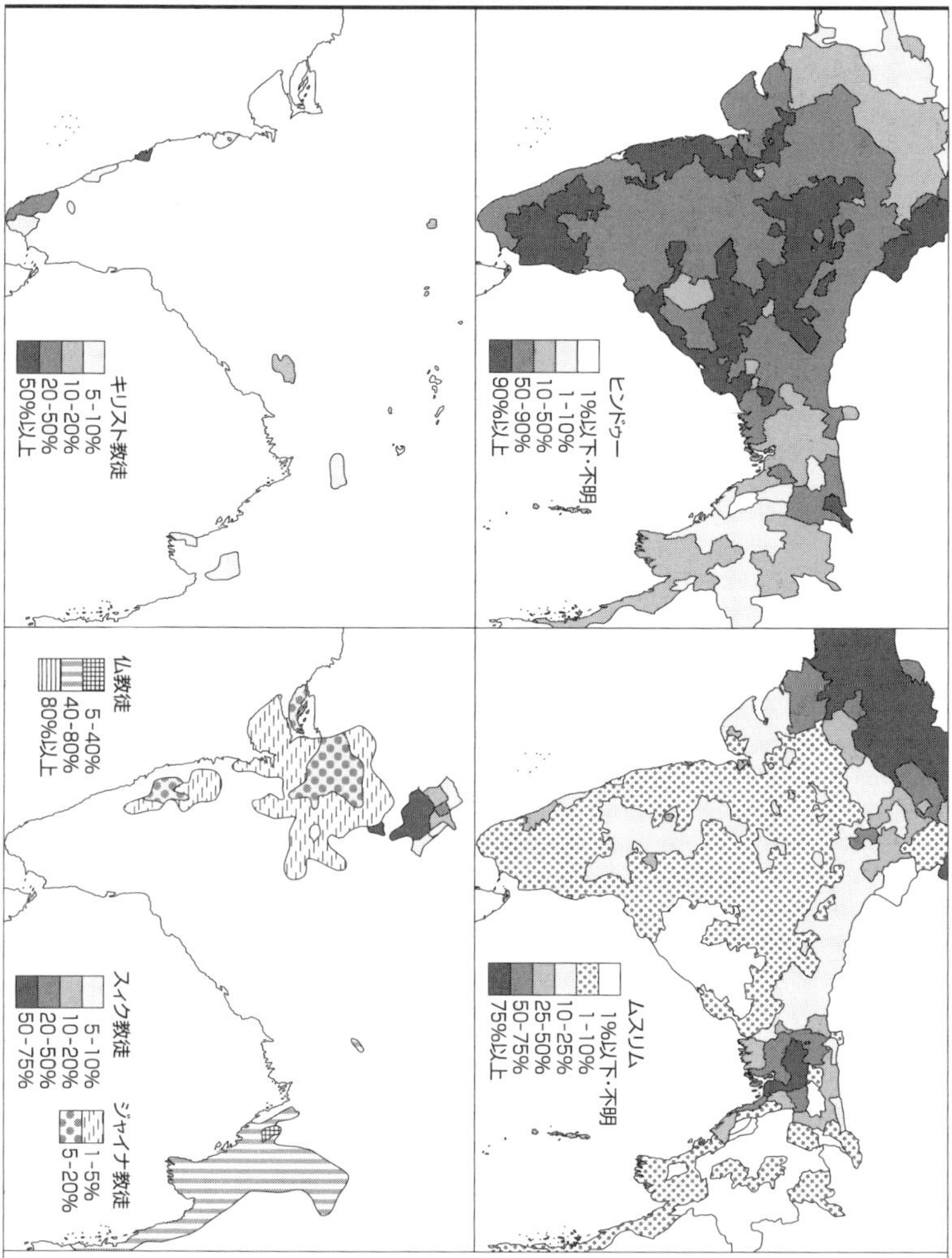

●インドの宗教分布（一九三一年）

Atlas (*The Imperial Gazetteer of India, Vol.26*), Oxford, 1931, plate 16; Joseph E. Schwatzberg (ed.), *A Historical Atlas of South Asia*, New York, 1992, pp.93–94より作成。

ヒンドゥー教とイスラーム教の習合

　ガーズィー・ミヤーン崇拝には、イスラーム教とヒンドゥー教が混じり合って同居している。また、カビールは意識的に二つの宗教の融合をはかった。このような現象は「習合《シンクレティズム》」と呼ばれる。インドにおけるヒンドゥーとムスリムの関係は、「習合」の一語でくくれるような単純なものではないが、「習合」が顕著な特徴であることは疑いのないところであろう。

　インドの中世におけるイスラーム教の浸透は、ヒンドゥーの社会集団《コミュニティ》、あるいは、ヒンドゥー社会の周縁にあった社会集団が、徐々にイスラーム文明に「同化」していく緩慢な過程であった。したがって、インドのイスラーム教はヒンドゥー的な信仰や社会制度と融合し、習合的な性格を強くおびることになった。逆にヒンドゥー教の側は、イスラーム教の影響も受けながら、バクティ運動を発展させ、また、イスラームの聖者《ピール》を、ヒンドゥー教の神々のパンテオンの延長上にとらえ、信仰の対象とした。インドの中世社会では、宗教の共生状態が、とくに民衆のレベルで、習合的な信仰の発達を促す条件になり、逆に、習合的な信仰の発達が共生の条件を強化するという連関があった。

歌うバウル　バウルはベンガルの地方的な宗教セクト、またその信徒のこと。教典をもたず、仏教、ヨーガ、ヒンドゥー教、イスラーム教の影響を受けた習合的な教えを、師から弟子へと口伝で伝える。ヒンドゥーであっても、ムスリムであっても入信できる。信徒は出家し、アクラという小さな共同体をつくり、乞食をして暮す(家庭生活をいとなむ者もある)。偶像崇拝を否定し、自分の心のなかに住む普遍的な神(「心の人」〈モネル・マヌシュ〉)だけを信じ、その神と合一する陶酔感を歌と踊りで表現する。女性も受け入れ、女性の信徒は「狂女」(ケピ)と呼ばれる。ムスリムからの入信者は「ファキール」(ベンガル語の発音はフォキル)と呼ばれる。写真は一九五三年撮影。右手にもっているのは一弦琴(エクタラ)である。

習合の印象的な例を二つあげて、本章の結びとしよう。

第一。ベンガルにショット・ピールと呼ばれるムスリムの聖者がいる。このピールにかんする伝承によると、一人のバラモンがいて、その前にムスリムの托鉢僧に身をやつした「アラーの神」があらわれた。「アラーの神」はショット・ピールを信仰するよう勧めたが、バラモンはそれを拒否した。ところが「アラーの神」は、今度はヒンドゥー教のクリシュナ神に姿を変えてあらわれ、彼を説き伏せたという。

第二の事例は、社会制度の面でもムスリムとヒンドゥーが融合していたことを示すものである。この事例はまた、〈近代〉が生んだ宗教ナショナリズムが、中世的な文化や制度になにをもたらしたかを、端的に示してもいる。

分離独立の前、デリーの南方に小さな藩王国があり、そこにメーオーと呼ばれるムスリムの社会集団が住んでいた。彼らは数百年前に「改宗」した伝承をもち、自分たちを「ムスリムのカースト」と認識し、周囲もそれを認めていた。彼らは「半ムスリム」であった。

この地方のある村は、五つのムスリムのカーストと、一〇のヒンドゥーのカ

くつろぐファキール（フォキル）

▼クシャトリヤ　カースト制の四つのヴァルナ（種姓）のうち、上から二番目のもの。王侯・武士階級とされ、自分のための祭式執行、ヴェーダの学習、布施、政治や戦闘を、伝統的な義務とする。現在のヒンドゥーのうちクシャトリヤに属する者は極めて少なく、歴史的にみても、クシャトリヤの王朝はかならずしも多くない。

ーストと、スィク教徒から構成されていた。そのなかでメーオーは、人口の半分以上を占め、村の土地の大部分をもつ、もっとも有力な農民カーストであった。メーオーは婚姻規制をもち、村内のカーストの序列ではバラモンにつぐ位置を占め、クシャトリヤとして遇され、ムスリムのサービス・カーストからサービスを受け、ダリト（不可触民）とは同席したり共食したりすることを避けていた。彼らはヒンドゥー教の祭礼を祝った。メーオーは集団でイスラーム教に「改宗」したのち数世紀のあいだ、ヒンドゥーの宗教・社会システムを利用しながら、この村で豊かな農民として暮してきたのである。ところが、一九四七年、植民地インドはインドとパキスタンに分離して独立してしまう。「ムスリムのカースト」であるメーオーは大混乱に陥った。宗派《コミュナル》暴動が続くなかで、彼らはヒンドゥーの有力農民カーストであるジャートと戦闘状態になり、パキスタンに移住すべきか、インドに残るべきか、厳しい決断を迫られた。ヒンドゥーの藩王は「ムスリム」のメーオーの追出しにかかった。彼らはパキスタンに向かったが、途中で引き返す者があらわれた。こうしてメーオーという「ムスリムのカースト」は、パキスタンとインドに引き裂かれて暮すことになったという。

②—〈近代〉の到来と初期の改革運動

植民地支配と〈近代〉

イギリスの植民地支配が始まり、〈近代的な〉価値観や制度がもたらされると、中世社会で発展してきた宗教も大きな影響を受けた。さまざまな改革運動が生まれ、それぞれの宗教がその内部で純化し均質化するプロセスが進んだ。そういう潮流のなかで、習合《シンクレティック》的な多様性がうすめられ、ヒンドゥーとムスリムの〈近代的な〉かたちの対立が芽生え、その芽がふくらんでいった。ただしインドの場合、植民地支配がもたらした〈近代〉といっても、その内容は十九世紀半ばにかなり変わったと考えられる。

インドでは、十七世紀後半、アウラングゼーブ帝の時代に、「近世的な発展」とでも呼ぶべき動きが始まり、それは一八三〇年あるいは四〇年ころまで続いた。そういう大きな流れに、西欧的な〈近代〉といっても、まだその発展の初期の段階にあった潮流が、十八世紀半ばにイギリスによって流し込まれた。イギリスは、重商主義の遺産である東インド会社▲による間接支配というかたち

▼イギリス東インド会社　一六〇〇年十二月三十一日、エリザベス一世から特許状をえて設立された特許貿易会社。イギリスの重商主義の時代を代表する企業で、喜望峰からマゼラン海峡までのあいだの、アジア、アフリカ、アメリカの貿易独占権を与えられていた。一七五七年、プラッシーの戦いに勝利してベンガルに覇権を確立すると、インド植民地統治機構としての性格もあわせもつようになった。一八一三年、インド貿易が開放され、会社の貿易独占は中国貿易と茶貿易に限定されるようになったが(一四年実施)、三三年、これらの独占権も剥奪され(三四年実施)、貿易機能を失い、純然たるインド統治機関となった。一八五七年に大反乱が起こると、その責任を問われ、五八年、統治機能はイギリス政府に移された(直接統治の始まり)。しかし、東インド会社はその後も法的には存続し、一八七三年、正式に解散した。

イギリス東インド会社

で植民地支配を開始し、インド内部からの「近世的な発展」と切り結びながら、一世紀近くの時間をかけて征服戦争を繰り返し、インド全域に植民地支配を拡大し根づかせた。植民地支配の初めの一世紀弱の期間は、二つの流れが交錯する相当多様で複雑な時代であり、イギリスのヘゲモニーはまだ十分に確立していなかったと考えられる。

この複雑さがそれなりに整理されるのが、十九世紀半ばの三〇〜四〇年間、つまり大反乱（シパーヒーの反乱、一八五七〜五八年）とイギリス政府による直接統治の開始（五八年）とを中心とする時期である。イギリスはこの時期に、最後の征服戦争であるスィク戦争▲を完了し、インドの行政・政治・経済・社会・文化システムの大規模な再編に着手した。例えば文化面では、英語による高等教育のシステムを整備し、ヨーロッパ〈近代〉の知を組織的にインドに注入して、文化的ヘゲモニーを確立した。政治・行政においては、たんに制度を整備するばかりでなく、〈近代〉に特徴的な「科学的な」人種主義によって植民地支配の正当化をおこない、他方では、行政上の必要から、国勢調査《センサス》などの調査を実施して、インド社会を構成する多様な社会集団《コミュニティ》（カースト、宗教等々）に「科学

▼**スィク戦争**　一八三九年、パンジャーブに強大なスィク王国を築いたランジート・スィングが没すると、激しい後継者争いが生じ、スィク王国は混乱状態に陥った。イギリスはそれに乗じて、一八四五〜四六年と四八〜四九年の二度、戦争を起こしてスィク王国を滅ぼし、パンジャーブを英領インドに併合した。十八世紀半ばからイギリスがインドで続けてきた征服戦争は、第二次スィク戦争でもって完了した。

ボンベイ大学　一八五七年、カルカッタ、ボンベイ、マドラスの三都市に大学が設立され、英語による高等教育のシステムが完成した。

Census of India, 1931

VOL. I INDIA

Part I– Report

一九三一年国勢調査報告書

的」な定義を与え、中世社会では流動的だった社会集団間の境界線を固定的なものに変えていった。

一方、インド社会の側では、十九世紀後半になると、植民地システムの再構築の受益層として、英語教育を受けたインド人「中間層《ミドル・クラス》」(五三頁参照)がまとまった社会層として結集しはじめた。大反乱の敗北で深刻な打撃を受けたインドの「封建的な」諸勢力は、イギリス支配を覆して「旧体制《アンシャン・レジーム》」を回復することは不可能であることを悟り、逆に、植民地支配の藩屏《はんぺい》に変身した。

こうして、さまざまな限界や矛盾や逆説を内包しながらも、おおむね〈近代的〉ととらえることのできる植民地支配のシステムと、それに対応した植民地社会が完成する。一八七〇年代には、植民地的な〈近代〉の完成とかさなりあいながら、それを批判し乗り越えようとするナショナリズムの時代の幕があがる。そして一八八五年、会議派が創設され、全インド的な規模でナショナリズムの運動が始まる。

インドでは、十八世紀半ばから十九世紀末にかけて、複雑な変動が社会の深いところで進行した。この時期をインド人の立場からとらえれば、文字どおり

ラムモホン・ライ(一七七二?／七四〜一八三三)　ベンガル語表記。ヒンディー語風に読めば、ラームモーハン・ラーイ。英語ではロイ(ローイ)と書かれる。

危機の時代だったことになろう。しかし、その危機感を政治運動として表現することは、ナショナリズムの時代が到来するまで困難であった。インドの人びとはそれを、宗教・社会改革運動というかたちで表現した。近年の研究は、たくさんの改革運動がインド全域で展開したことを明らかにしている。

この章とつぎの章では、〈近代〉に対応して、どのような改革運動が展開されたのか、その結果、ヒンドゥーとムスリムの関係がどう変わったのか、概観することにしたい。十九世紀半ばまでを第二章、それ以後を第三章として、それぞれヒンドゥーとムスリムの改革運動がどのような道筋をたどったか、説明しよう。大づかみにいって、十九世紀半ばまでの改革思想は、中・近世から〈近代〉にはいる移行の段階に位置するものであり、十九世紀半ば以降の改革思想は、ナショナリズムに直接つながるものであった。

ラムモホン・ライ

十九世紀の初め、植民地支配の中心都市カルカッタ(現コルカタ)にラムモホン・ライがあらわれ、〈近代〉の可能性を信じる啓蒙的な立場から、ヒンドゥ

ブラフマンの彫像　ブラフマンは宇宙の根本原理、また、宇宙の最高神を意味し、梵と音写される。（プリンス・オブ・ウェールズ博物館蔵、ムンバイ）

ー教の改革のために活動した。ライは、植民地支配システムの形成期に活動し、インドの〈近代〉への扉を開いた。「近代インドの父」と呼ばれることがあるのはそのためである。

ライはヴィシュヌ派のバラモンの家に生まれた。生家はベンガルのムスリム政権と密接な関係にある家柄だった。少年時代にはスーフィー思想に強く惹かれたといわれる。また彼は語学の学習を、まずペルシア語、つぎにサンスクリット語、そのつぎに英語というように進めた。ライは、イスラーム文化とヒンドゥー文化が融合した中世社会の雰囲気が色濃く残り、そこに西欧文化が加わってきた時代に自己形成したことになろう。

ライが生涯をつうじてもっとも力をそそいだのは、宗教の問題、とくにヒンドゥー教の改革問題であった。ライはヒンドゥー教の偶像崇拝と、ヒンドゥー教に結びついていた不合理な社会慣習を徹底的に批判した。彼は偶像崇拝が本来のヒンドゥー教の姿をねじまげ、ヒンドゥー教徒の社会と道徳を堕落させたと考えた。さまざまな思想遍歴のすえライがたどりついた結論は、ブラフマンこそが唯一無二の神であり、この唯一神を信仰するのがヒンドゥー教の本来の姿であるというものであった。

ブラフマンとは、ウパニシャッドなどにおいて、宇宙の根本原理とされるものである。それは抽象的な思弁によってはじめて到達できる概念であって、ヒンドゥー教的な、個性豊かな神格というわけではない。ライの宗教は理神論的な性格が極めて強いものだったといえよう。彼は自分が学んだ三つの宗教、つまりヒンドゥー教、イスラーム教、キリスト教を、ヴェーダーンタ哲学▲をベースにした理神論的な立場から統一し、普遍的な宗教を確立しようとした。それは、ヨーロッパの〈近代〉の影響のもとに、伝統ではなく理性の指し示すところに従って、自分が生まれ育った社会を見直しはじめた植民地知識人にふさわしい宗教であった。また、イスラーム支配の遺産が残り、イギリスのヘゲモニーがまだ形成途上にあった時代に、対応するものだったともいえるであろう。

ライは自分の宗教を広めるために、一八二八年、ブランモ協会《ショマジ》▲(ブラフモ協会《サマージ》)を創設した。ブランモ協会にはカルカッタの富裕で貴族的な高カースト・ヒンドゥーが加わり、植民地支配形成期における改革運動の中心となった。ブランモ協会の組織はキリスト教の影響を強く受けたもので、例えば、彼の支持

▼ヴェーダーンタ哲学　ヴェーダーンタとは、ヴェーダ聖典の終わりの部分のことで、『ウパニシャッド』(奥義書)を指す。ヴェーダーンタ学派は、ブラフマンを知るための根拠はヴェーダ聖典にしかないとし、ブラフマンが宇宙の唯一絶対の根本原理であるとの一元論を主張した。

▼ブランモ協会　ラムモホン・ライは、一八一五年、カルカッタに「友好協会」(アッティヨ・ショバ。ヒンディー語読みはアートミーヤ・サバー)を組織して宗教・社会改革運動を開始したが、これは短命に終わった。その後、一八二八年にあらため

者たちは毎週土曜日の夕方に集まって礼拝をした。キリスト教の宣教師団の宗教活動の組織性は、まずブランモ協会が学び取り、ブランモ協会をつうじてインド各地でわき起こった宗教・社会改革運動に吸収されていくことになる。

ライは宗教だけでなくインド社会を改革して、インド社会から無知と迷信を取り除き、個人の自由が保障される社会を築きたいと願った。ライがとくに積極的に進めたのは、寡婦殉死《サティー》▲を禁止する運動であった。寡婦殉死というのは、夫の遺体を火葬にするときに、寡婦も薪の山のなかにはいり、夫と一緒に焼かれる慣習のことである。

しかしライの批判は、植民地支配へはおよばなかった。言論統制や人種差別的な政策にたいして抗議の声をあげることはあったが、植民地支配そのものを批判することはなかったのである。彼は外国支配が悪弊を生むことは自覚していたが、それよりもイギリス支配からえられる利益のほうが大きいと考えていた。〈近代〉にたいするこのような楽観的な見方は、イギリス本国ではリベラリズムが盛んであり、植民地インドでは支配体制がまだ流動的で硬直化していなかった時代だったからこそ可能になったと考えられる。

て結成した改革のための組織が「ブランモ協会」である。「ブランモ」（ブラーフマ）とは、ライが最高神とする「ブラフマン」の形容詞形で、「ブラフマンに帰依する者」の意味である。なお、ライはこの組織を「ブランモ・ショバ」（ヒンディー語読みは、ブラーフマ・サバー）と命名したが、のちにデベンドロナト・タゴールによって、「ブランモ・ショマジ」（ブラーフマ・サマージ）と改称された。一般的には、「ブランモ・ショマジ」の名で知られる。英語では、「ブラフモ・サマージ」と書かれる。

▼寡婦殉死（サティー）　正確にいうと、「サティー」（ベンガル語では「ショティ」）は殉死する寡婦のことを指す。寡婦殉死の慣習は、「サティーダーハ」（同じく「ショティダホ」）という。ライは一八一八年に「寡婦を生きながら焼く慣習についての支持者と反対者の討論」というパンフレットを出版して、反対運動の口火を切った。植民地政府は、一八二九年に寡婦殉死を禁止する法律を制定した。この慣習は現在でもごくまれにおこなわれることがある。

イギリスは長いあいだ、インドの支配権を奪い取った相手であるムスリムにたいして警戒心を解かなかった。一方、ムスリムの側は旧支配層として、植民地政府に仕えるのを潔しとしなかった。ムスリムの西欧化は遅れ、その結果、植民地的〈近代〉にたいするムスリムの対応は、二つの特徴をおびることになった。

第一は、中世とは逆に、ムスリムのほうがヒンドゥーに比べて後進的な階層になり、西欧化という点で、先行するヒンドゥーを追う立場に立たされたことである。このことは、植民地支配時代をつうじて、ムスリムとヒンドゥーの関係に大きな陰を落とすことになる。第二は、十九世紀半ばまでは、西欧化された知識人ではなく、北インドの伝統的な知識人層がインド・ムスリムの声を代弁したことである。ラムモホン・ライやブランモ協会に対応する運動がムスリムのあいだにあらわれるのは、十九世紀後半を待たなければならない。

シャー・ワリーウッラーとその後継者たち

一七〇七年にアウラングゼーブ帝が没すると、ムガル帝国はゆっくりと解体しはじめた。これに危機感をもった北インドの伝統的なムスリム知識人は、イスラーム国家再建の道を探り、この動きがイスラーム改革思想の出発点となった。彼らの思想は復古主義的なものだったため、ワッハーブ派と総称されることがあるが、アラビア半島のワッハーブ運動との関連はかならずしも明確ではない。

ムガル帝国の衰退に対応して、近世のインド・イスラーム思想の基本的な枠組みをつくったのは、デリーで活動したシャー・ワリーウッラー▲であった。彼は伝統的なイスラーム法学から自由な立場から、イスラーム権力のあり方について考察し、ムガル帝国の解体と、スィクやマラーター台頭の原因を、イスラーム教の堕落に求め、古い純粋なイスラーム教の復興を説いた。また、神の言葉を平均的な教育を受けたムスリムに伝えるために、正統派の批判を押し切って、コーラン（クルアーン）をペルシア語に翻訳した。のちに彼の息子は、コーランのウルドゥー語訳を完成した。

ワリーウッラーのもう一人の息子アブドゥルアズィーズ▲は、イギリスのデリー占領（一八〇三年）を体験すると、教令《ファトワー》を発して、インドが異教徒の支配する地域になったことを宣言した。これは、インドで宗教と政治権力が分離した

▼シャー・ワリーウッラー（一七〇三～六二）　デリーに生まれた。ウラマー（イスラーム教の宗教指導者）でありスーフィーでもあった父の学院で学び、その死後、父の跡を継いで学院長となった。さらに、巡礼に出てメッカとメディナで学び、一七三二年に帰国し、『究極の神の明証』などの著書を著した。インドの近代イスラーム思想の先駆者とされ、後代に大きな影響をおよぼした。

▼シャー・アブドゥルアズィーズ（一七六四～一八二四）　シャー・ワリーウッラーの長男。父の後継者としてデリーの改革派ウラマーを指導した。

▼サイイド・アフマド・バレールヴィー（一七八六〜一八三一）　UP州のラーエ・バレーリーの出身で、デリーに出て、シャー・ワリーウッラーの息子のシャー・アブドゥルカーディルに学んだ。その後、ムジャーヒディーン運動を指導した。

▼ティトゥ・ミル（ミヤン。一七八二〜一八三一）　現インド・西ベンガル州に農民の子として生まれた。暴れ者で、カルカッタでボクサーをしたこともあると伝えられる。一八二二年にメッカに巡礼し、サイイド・アフマド・バレールヴィーと会い弟子になった。一八二七年に帰国すると西ベンガルの農村をまわり復古主義的な教えを広めた。同時に、イギリス支配と地主の圧迫に反対した。

状態にあることを公に認めたものであった。これ以後、異教徒であるイギリスの支配にどう対応するかが、インド・ムスリムの思想の中心的な課題となる。

この課題にたいして、サイイド・アフマド・バレールヴィー▲は、純粋な宗教がおこなわれるイスラーム国家を建設して、実際に宗教と政治権力の統一を回復することで答えようとした。彼は聖戦士《ムジャーヒディーン》を、当時スィク王国があったインド西北部に送り、イスラーム国家を建設しようと試みたが失敗し、敗死した。

サイイド・アフマドの活動のもうひとつの特徴は、ムスリム・エリートではなく、大衆を相手に教えを説いた点にあった。彼のグループは、「ムハンマドの道」（タリーカ・イ・ムハンマディーヤ）という思想を主張する一方で、イスラーム教からヒンドゥー教的・スーフィズム的・習合的な要素を徹底的に取り除いて純化しようとした。例えば、スーフィーの導師の偶像化、聖者の墓への参詣、ムハッラムの祭り、ヒンドゥー教の聖地への巡礼、男根崇拝、ヒンドゥー教の神々への礼拝、バラモンによる占い、ヒンドゥー教の祭礼などはすべて否定された。裏返していえば、当時のムスリム大衆は、このような世界に生きていたことになろう。

サイイド・アフマドの農民の弟子のなかに、ティトゥ・ミル▲という者がいた。彼はベンガルにおけるタリーカ・イ・ムハンマディーヤの指導者となり、一八三一年、イギリス支配の根絶とムスリム権力の再興を訴えて、三〇〇〇〜四〇〇〇人の支持者とともに蜂起し、一時的にカルカッタ周辺の三つの県を支配した。

同じころ、ベンガルの農村部ではもう一つの復古主義的な改革運動が展開していた。ファラーイズィー派▲である。この運動の指導者シャリアトゥッラ▲は、農民に、イスラームの宗教的な義務を守り、毎日の礼拝やラマダンの断食をおこなうように説いた。この運動は同時に、農民運動の性格もあわせもち、過酷な藍《あい》栽培制度に抵抗したり、土地は神のものだからイギリスが課する地租は違法だと主張したりした。

▼ファラーイズィー派　一八二〇年ころにシャリアトゥッラが東ベンガル地方で創始したイスラーム復興運動のこと。その息子で第二代教主のドゥドゥ・ミヤン(一八一九〜六二)のもとで教団としての組織を整え発展した。ファラーイズィーとは「宗教的義務をはたそうとする者たち」の意。ベンガル語では「フォラジ」という。

▼シャリアトゥッラ(一七八一〜一八四〇)　東ベンガルの小地主の家に生まれた。カルカッタなどで学んだのち、一七九九年、イギリス支配に批判的だった師に随き従ってメッカに移住した。メッカではハナフィー派の法学を学ぶかたわら、スーフィー思想の影響を強く受けた。一八一八年、イスラームの純粋な教えを広めるために郷里にもどったが布教に失敗。一八二〇年、再度帰国して布教に専念した。彼の教えは、耕作者・機織り・油搾りなどの下層ムスリムに広く受け入れられた。

▼**デベンドロナト・タゴール**（一八一七〜一九〇五）　大富豪で、ライの盟友のドワルカナト・タゴール（一七九四〜一八四六）の長男として、カルカッタで生まれた。一八四三年、ブランモ協会に正式に加わり、運動の指導者となった。息子に、ノーベル賞詩人のロビンドロナト・タゴールがいる。ヒンディー語読みはデーヴェンドラナート・タークル。

③—改革運動の新たな展開

合理主義《ラショナリズム》からナショナリズムへ

ラムモホン・ライは、一八三三年、イギリスのブリストルで客死した。異国での死はあるいは、西欧的〈近代〉の啓蒙主義、合理主義の可能性にかけた、植民地知識人にふさわしいものだったかもしれない。ライの死後、ブランモ協会の運動は長い低迷期にはいった。運動にふたたび生気を吹き込んだのは、一八四三年に協会に加入したデベンドロナト・タゴール▲であった。デベンドロナトは、ラムモホンの盟友ドワルカナト・タゴールの長男で、協会に加入するまえからすでに、真理啓発協会（トットボディニ・ショバ）を創設して、西欧化の流れとインドの伝統との調和点を模索し、カルカッタの中間層《ミドル・クラス》のあいだに大きな影響力をもっていた。だが、デベンドロナトの思想的立場は、ラムモホンのそれより保守的であった。例えば、宗教改革においては、ブランモ主義をヒンドゥー教の内部に位置づけて、その最高形態とした。社会改革においても、カースト制を否定しないなど、保守的な傾向を示していた。それに反発し若い

▼ケショブ・チョンドロ・シェン（一八三八〜八四）　カルカッタの名家に生まれた。一八五八年、ブランモ協会に加わり、精力的に講演旅行をおこなうなどして、ブランモ主義の普及に貢献した。宗教改革と社会改革の両面で、デベンドロナトに代表される旧世代より急進的な傾向を示し、一八六六年に分裂して、インド・ブランモ協会を結成した。しかし、一八七八年、婚姻年齢以下の娘を、同じく婚姻年齢以下の大地主の息子に、ヒンドゥー教の祭式で結婚させたことがスキャンダルとなり、影響力を失った。ベンガル語読み。ヒンディー語読みはケーシャブ・チャンドラ・セーン。

世代は、一八六六年、ケショブ・チョンドロ・シェン▲に率いられてインド・ブランモ協会を創設したが、このグループも、ケショブ・チョンドロのスキャンダルのために、急速に影響力を失った。ブランモ協会の分裂と退潮にちょうど反比例するように、ベンガルでは、ナショナリスティックな潮流が徐々に強まり、一八七〇年代にはいると、それは力強い流れに発展した。

　この潮流をもっともよく体現する思想家は、しかし、皮肉なことに、当時いちばん先進的とみられていたベンガルからではなく、後進地帯であるグジャラートの小さな藩王国から出現した。ダヤーナンダ・サラスワティーである。ダヤーナンダ・サラスワティーと彼が設立したアーリヤ協会《サマージ》（五四頁参照）の復古主義的な運動は、十九世紀後半以降ヒンドゥー教の改革の主流となり、そればかりでなく、その後のナショナリズムの展開に、ラムモホン・ライとブランモ協会の啓蒙主義的・合理主義的な運動よりも大きな影響をおよぼした。

ダヤーナンダ・サラスワティー

　ダヤーナンダはグジャラートのバラモンの家に生まれた。二十一歳で出家し

ダヤーナンダ・サラスワティー（一八二四〜八三）

て、裸形で各地を遍歴する行者《サンニャーシー》となり、人生の半ばまでは、おもに北インドの農村をまわってバラモンにサンスクリット語で教えを説き、ときには公開の場でヒンドゥー教正統派の学僧と議論を戦わせて勝敗を競っていた。ダヤーナンダはなにからなにまでラムモホン・ライとは対照的な知識人であった。

ところがダヤーナンダは、ブランモ協会に招かれて、一八七二年から七三年にかけてカルカッタに滞在した。このときの経験が彼の活動の転換点になったとされる。ダヤーナンダはこの町で、西欧的〈近代〉にふれ、遍歴の行者から復古主義的な改革運動の指導者に生まれ変わった。ダヤーナンダは、ブランモ協会のケショブ・チョンドロ・シェンからとくに大きな影響を受けた。カルカッタの西欧化した知識人からの影響は、二つに分かれる。

第一は思想的なものである。これについてはつぎの項で述べることにしよう。

第二は、改革運動の進め方にかんするものである。ダヤーナンダはシェンの忠告を聞き入れた。その忠告とは、多くの人びとに改革のメッセージを届けたいのなら、衣服を身に着け、ヒンディー語を用いなければならないというものであった。ダヤーナンダは行者のスタイルを捨て、衣服を着るようになった。

言葉の問題はそれほど容易ではなかった。ヒンディー語は母語でなかったからである。しかしシェンの忠告の背景には、英語に対抗して、ヒンディー語をインドの国語の地位に押し上げようという、ナショナリスティックな主張があった。これ以後ダヤーナンダは、サンスクリット語ではなくヒンディー語で教えを説き、書簡や著作もヒンディー語で書くようになる。

　しかしもっと重要だったのは、カルカッタの知識人のやり方を取り入れて、講演と出版を活動の中心にすえるようになったことであった。このことはとりもなおさず、運動のターゲットを、農村のバラモンから、都市に住む中間層《ミドル・クラス》▲に転換することを意味した。カルカッタ、ボンベイ、マドラスの三都市に大学が設立されたのは一八五七年のことである。これによって、英語による高等教育のシステムが完成し、英語を習得して、官吏、教師、専門職（法律家、医師、教授など）などの職につく人びと、つまり中間層が着実に厚みをましていた。

　一八七〇年代は、その中間層が都市で政治活動や文化活動に進出しはじめた時期にあたる。言い換えれば、幼弱ではあったが、英語教育で獲得した共通の教養で結ばれた公衆が登場し、本や新聞・雑誌の読者となり、あるいは、講演

▼中間層　ミドル・クラスの語は本来、資本家と労働者の中間に位置する、管理職、専門職などの階層を指すのに用いられるが、産業化が遅れた植民地インドでは、独特の意味をもつようになった。すなわち、インドでは、イギリス植民地支配者とインド人大衆とのあいだに位置するインド人の階層をミドル・クラスと呼んだ。この階層には、大地主、高級官僚、富裕な法律家、医師、大学教授などから、中小地主、事務員、小学校教師等にいたるまでの、多様な人びとが含まれた。共通項は、なんらかのかたちで英語教育を受けていることと、肉体労働を忌避することにあった。

庶民の目に映じた中間層　カリガト・ポトゥという民衆画。西欧化した中間層男性がめかしこんでいるのをからかっている。一八八〇年ころ。

上流中間層男性のセルフ・ポートレート　一九〇〇年代の写真。写っているのはゴゴネンドロナト・タゴール。デベンドロナト・タゴールの甥、詩人ロビンドロナトの従兄にあたる。

上流中間層の女性　一八九〇年代の写真。

会の聴衆となって、読んだり聴いたりしたことについて感想を述べ合い議論する、公共空間が立ち上がりはじめていた。一八八五年の会議派の設立に結実する、ナショナリズムの動きを支えたおもな担い手もこの階層であった。ダヤーナンダは、上昇しはじめていたこの中間層にぴたりと焦点をあてたのである。またカルカッタでダヤーナンダは、ブランモ協会やキリスト教伝道団の組織形態と運営方法から影響を受けた。

カルカッタでの経験ののち、ダヤーナンダは、農村部には目もくれず、衣服を着けて都市をまわり、たくさんの講演をヒンディー語でおこない、同じくヒンディー語で精力的に出版活動を進めるようになった。そうして一八七五年、改革運動の〈近代的〉組織として、ボンベイでアーリヤ協会を創設するにいたる。

アーリヤ協会の運動は、まずパンジャーブとUP州西部、とくにパンジャーブで成果をあげ、それがその後の発展の基盤になった。それはなぜだったのであろうか。

パンジャーブのヒンドゥーのあいだでは、商業カーストが、商業活動だけで

カルカッタのタウン・ホール　一八一四年に完成。イギリス人高官の彫像をおく目的で建てられたが、貸しホールとしても使われ、中間層の数多くの集会が開かれた。

なく、官吏や専門職などの知的職業においても有力であった。一八四九年、スィク王国が倒されると、彼らは植民地支配を始めたイギリス人支配者に重用され、影響力をさらに強めた。しかし彼らは、宗教的には少数派であり、そのうえ、カーストの序列では中程に位置づけられているにすぎなかった。商業カーストのエリートは、自分たちの実力に見合った社会的威信を獲得することを欲していた。他方、植民地化とともに、キリスト教の伝道団が活発に活動しはじめた。それればかりでなく、パンジャーブで植民地行政を開始するために新たに配置されたイギリス人官僚の多くは、福音主義者であった。

七〇年代のパンジャーブは、植民地化が引き起こした社会変動とキリスト教の進出に激しくゆさぶられていた。この二つの条件が組み合わさって、ダヤーナンダの活動に恰好の舞台を提供したと考えられる。とくに商業カーストなどのヒンドゥー中間層は、アーリヤ協会の復古主義的な運動に参加することに社会的威信を高める道を見出し、運動のもっとも重要な共鳴板となった。ラージパット・ラーイがこの商業カーストに属したことはすでに述べたとおりである。

ダヤーナンダの思想

ダヤーナンダの改革思想の中核にあるのは、ヴェーダ▲は唯一神の啓示によるものであり、無謬《むびゅう》にして絶対であるという思想であった。ダヤーナンダは、ヴェーダの記述に照らしてみたとき、彼の時代のヒンドゥー教は誤謬に満ちた堕落したものであり、改革してヴェーダの時代にもどらなければならないとした。「ヴェーダに帰れ」、「ヴェーダの黄金時代」にもどって「アーリヤの地《アーリヤーヴァルタ》の再生」をはかろうという呼びかけが、彼の復古主義的な改革のスローガンとなった。

ダヤーナンダが滞在した七〇年代のカルカッタでは、ナショナリズムが勢いをまし、西欧文明にたいしてインド文明を高く評価する気運が高まっていた。宗教については、「ヒンドゥー教の優位性」を主張し、キリスト教やイスラーム教に比べてヒンドゥー教のほうが優れているとする知識人が登場していた。伝統的な行者として活動してきたダヤーナンダには、そもそもヒンドゥー教を他の宗教と比較する発想がなかったといわれる。ダヤーナンダはカルカッタではじめてこの思想にふれた。ヒンドゥー教の枠のなかだけで生きてきた行者が、「ヒンドゥー教の優位性」のイデオロギーを取り入れ、それを「ヴェーダの無

▼ヴェーダ　インド最古の文献で、バラモン教・ヒンドゥー教の聖典。ヴェーダ祭式をあつかう『リグ・ヴェーダ』『サーマ・ヴェーダ』『ヤジュル・ヴェーダ』と、呪術をあつかう『アタルヴァ・ヴェーダ』の四つから成る。それぞれの最後の部分で、問答形式で哲学的考察が展開されるが、この部分は『ウパニシャッド』(奥義書)と呼ばれる。成立年代は、前一二〇〇年前後から前五〇〇年前後とされる。

謬性」という年来の宗教的確信に結びつけたとき、たんなる宗教改革者にとどまらず、「宗教ナショナリズム」の発展の礎石をすえたイデオローグとしてのダヤーナンダが誕生したといえる。彼にとっては、ヴェーダの宗教こそあらゆる宗教のなかでもっとも優れたものであり、すべての宗教の源泉であった。

ヒンドゥー教は多神教であるが、ダヤーナンダはそれに一神教的な解釈を与え、ヴェーダの神は唯一神であり、多様な神々の名前はその唯一神の別名にすぎないとした。また、神は宇宙に遍在するとし、偶像崇拝を否定した。この宗教観はラムモホン・ライのそれにつうじる。事実、ダヤーナンダはラムモホン・ライの後継者デベンドロナト・タゴールの著作を読み、影響を受けていた。また、ヴェーダを神の啓示によるものだとして絶対視する態度は、キリスト教のプロテスタントの影響によるものだとされる。

歴史的にみれば、ヒンドゥー教はヴェーダの時代からはるか後世になって成立したものである。したがってヴェーダの宗教を基準にすれば、矛盾に満ちた宗教にみえるのは当然であった。ダヤーナンダの批判を突き詰めれば、ヒンドゥー教はヴェーダの時代ののちに成立した儀礼や制度をすべてはぎとられ、ヒンドゥーの宗教生活は成り立たなくなったであろう。ダヤーナンダの活動は正統派ヒンドゥーの激しい反発をまねいたが、その根本的な理由はここにあった。

しかし、ダヤーナンダの運動は、復古主義の普及と並んで、もう一つの、まったく別のねらいをもっていた。それは、多様なヒンドゥー教の世界を統一することであった。この面では彼は、明敏な宗教政治家だったといえる。

このことはまず、アーリヤ協会の組織原理にあらわれた。アーリヤ協会は、ダヤーナンダの宗教思想を受け入れることを会員資格としなかった。協会の会則は、ヴェーダにかんするダヤーナンダの主張を認めることさえ会員に求めなかった。これは、都市中間層に、正統派ヒンドゥー教の枠内にとどまったまま、協会に加入する道を開くものであった。家では伝統的なヒンドゥーの暮しを守ったまま、協会の会合で〈近代的な〉復古思想を語ることは、大多数のヒンドゥー中間層の要求に合致するものであったと考えられる。

つぎに、ダヤーナンダは他の宗教に対抗あるいは敵対する運動につぎつぎにかかわった。宗教を純化するだけでなく、宗教上の「他者」とのあいだに明確な「境界線」を引き、「他者」を「敵」とみなすことによって、自分たちの宗教集団《コミュニティ》の結集をはかる、宗教ナショナリズムの方向に足を踏み出したのである。

最初のターゲットはキリスト教であった。ダヤーナンダは、キリスト教に改宗したヒンドゥーを、ヒンドゥー教に再改宗させる儀礼を執りおこない、それを「シュッディ」と呼んだ。「シュッディ」というのは、「清め」「訂正」「純粋」などを意味するヒンディー語である。

イスラーム教にたいする運動ははっきりと敵対的だった。争点は三つあった。

第一は、反イスラーム宣伝である。イスラーム教に敵対する煽動的な文書を出版した廉《かど》で、アーリヤ協会の地方支部長が有罪判決を受けた事件があった。これにたいしてアーリヤ協会は支援運動を展開したのである。

第二は「雌牛保護」である。牛はヒンドゥーからみれば聖なる動物である。しかしムスリムにとっては、イード▲の祭礼のときに神に犠牲に供する動物の一つであり、食物としても重要であった。ダヤーナンダは以前から、経済的な理由という特異な理由でもって、雌牛の屠殺に反対してきた。経済的理由とは、一頭の雌牛は長いあいだには一〇万人に食物を与えるが、その死骸は一〇〇人

▼イード　イードには、断食明けの祭りである「イード・アル・フィトル」と、犠牲祭である「イード・アル・アドハー」(バクル・イード)があるが、ここでは後者を指す。経済力に応じて、ラクダ、雌牛、山羊、羊を犠牲に供し、その肉を貧者にほどこす。この日には盛装して友人や親類を訪問し、挨拶を交わす。

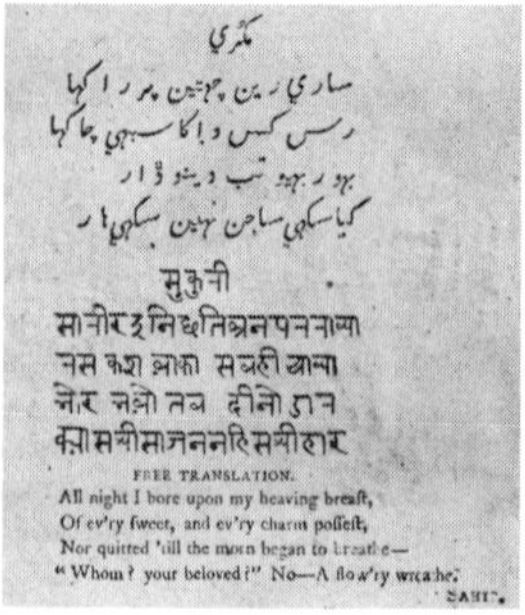

ウルドゥー語とヒンディー語　一七九二年に刊行された『ヒンドゥスターニー語文典』(J・B・ギルクリスト著)の一頁。北インドの共通語であったヒンドゥスターニー語の詩を、ペルシア文字(上段)とデーヴァナーガリー文字(中段)で表記し、英訳(下段)を付している。表記する文字が違うだけであるが、上をウルドゥー語、下をヒンディー語とみなすことができる。両方とも、インドで活字印刷されたもっとも早い例の一つである。

の人も養いはしない、雌牛はすべての人びとの健康と栄養の基本的条件をなすものだから、殺してはならないというものであった。彼は、ヒンドゥー教の正統派からの攻撃が強まると、正統派に対抗してヒンドゥーの支持を集めるために、一八八一年、全国的な雌牛保護運動を開始した。この運動は、パンフレットを刊行し、雌牛保護協会を各地に設立し、署名運動を展開するなど、〈近代的な〉組織性をもったものであった。

第三はヒンディー語問題である。北インドの諸州では、植民地政府はウルドゥー語を公用語としていた。それをヒンディー語に置き換えようという運動を、一八六〇年代末からヒンドゥーのエリート層が起こしていた。ウルドゥー語とヒンディー語は、両方とも、北インドの民衆が使っていたヒンドゥスターニー語に発するもので、文法的にはまったく同じ言語である。だが、使われる単語と文字に違いがある。ウルドゥー語はペルシア文字で表記され、書き言葉ではペルシア語・アラビア語系の借用語を多用する。ヒンディー語はデーヴァナーガリー文字で表記され、書き言葉ではサンスクリット系の借用語を多用する。役所でウルドゥー語による文書づくりを担っていたのは、ムスリムと、ヒンドゥーの書記カーストのカーヤスタであり、また、ウルドゥー語のほうが高度な文学的表現をおこなうのに適していたために、二十世紀初頭までは、ヒンドゥーの作家であっても、ウルドゥー語を使って著作をすることが多かった。二つの言語の区別は、必ずしも宗教の別に対応するものではなかったのである。

しかし、ヒンディー語を公用語化する運動は、ウルドゥー語はムスリムの、ヒンディー語はヒンドゥーの言語とみなし、宗教的アイデンティティを言語とかさねてとらえる傾向をつくりだし、それを強化していった。そして、ビハール州では一八八一年、UP州では一九〇〇年に、ヒンディー語が公用語に付け加えられ、この問題はヒンドゥー・エリート層が勝利するかたちで決着した。

つまり北インドでは、公用語問題はとりもなおさずヒンドゥー・ムスリム問題であり、ヒンディー語公用語化運動は、ムスリムにたいするヒンドゥーの文化攻勢というべきものであった。ダヤーナンダはそれを支持したわけである。ダヤーナンダがヒンディー語を使うようになっていたことは、すでにふれたとおりである。また、逆にムスリムの側では、広いインドに分散しているムスリムを結びつける言語として、ウルドゥー語の重要性が高まった。なかには、母語を捨ててウルドゥー語を採用する社会集団《コミュニティ》もでるほどであった。

宗派主義《コミュナリズム》

こうして、植民地的な〈近代〉の到来に対応してダヤーナンダが組織した、復古主義的な運動は、剝出しの反ムスリム運動の性格をおびるにいたった。インドでは、宗教ナショナリズムが、他の宗教集団《コミュニティ》を犠牲にして政治的・経済的目的を追求し、勢力を伸ばそうとするとき、宗派主義と呼ばれ、現在では、ヒンドゥーのあいだの宗派主義には、ヒンドゥー・ナショナリズムの呼称が与えられている。ダヤーナンダは、宗派主義あるいはヒンドゥー・ナショナリズムの祖というべき人であった。そして北インドでは、雌牛保護運動をきっかけに、ヒンドゥーとムスリムのあいだで一連の暴動(宗派暴動《コミュナル》)が発生し、宗派主義がインドになにをもたらすかを、不気味なかたちで暗示していた。なぜこういうことになったのであろうか。二つの可能性があるように思われる。

第一に、ダヤーナンダが活動した時代が、大反乱に敗北して北インドのムスリム貴族・知識人層が深刻な打撃を受け、後退した時期に一致することが注目

マンガル・パンデー　UP州出身のバラモンのインド兵(シパーヒー)。一八五七年三月末、カルカッタ近郊のバラクプルで、部下に反乱を呼びかけたが失敗し、処刑された。この事件が、大反乱の前兆であった。

ガーリブ(一七九七〜一八六九)　ウルドゥー詩人。「ガザル」という形式の叙情詩に長じた。大反乱のとき、デリーにとどまり、蜂起と鎮圧の一部始終を目撃した。

される。ダヤーナンダの運動は、ムスリムの穴をうめるかたちで社会進出を進めるヒンドゥー・エリート層に、恰好の正当化の論理を与えたと考えられる。

第二に注目されるのは、大反乱ののち、イギリスの政治的・文化的ヘゲモニーが、インド社会をすっぽりおおう全般的なものになったことである。しかもそれは、西欧の自己中心主義を、人種主義などの排他的なイデオロギー装置で武装する一方で、インドの多様な社会集団《コミュニティ》を「科学的に」定義し、「境界線」を固定化しようとする、硬直したものになっていた。〈近代〉の支配が全般化するなかでおこなわれたヒンドゥー教の改革が、〈近代〉の似姿になるのは必然であったように思われる。

大反乱の衝撃

大反乱(シパーヒーの反乱)では、「ヒンドゥスターンのヒンドゥーとムスリム、団結せよ!」のスローガンのもとに、ヒンドゥーとムスリムは一致してイギリスの植民地支配に挑戦した。この反乱の敗北は、インド社会に広く深い影響をおよぼし、ムスリムの改革運動においても一大転換点となった。

イギリス軍にとらえられるムガル皇帝バハードゥル・シャー

大反乱の最高指導者に祭り上げられたムガル皇帝バハードゥル・シャーは、敗北後ビルマに流罪になり、インドにおける政治的正統性の源泉は、ムガル皇帝からイギリスに完全に移った。ムガル帝国の首都デリーは、イギリス軍の略奪と破壊に委ねられ、たくさんの住民が市外に退去させられ、インド・イスラーム文化を支えてきた古都は廃墟と化した。イギリスは一方で融和策をとりつつ、他方では、反乱の支持者の掃討作戦を徹底的に実行した。

十九世紀後半、大反乱の敗北の廃墟のなかから、インド・ムスリムの新しい運動が芽生える。だがそれは、十九世紀前半までの運動とは異なるものにならざるをえなかった。イギリスが無敵であることを思い知らされたいま、彼らはイギリス植民地支配を前提として、その枠内で再生の道を探ることになる。

ベンガルのファラーイズィー派は、反乱期に教祖を長期間拘禁される弾圧を受けると、極めて穏健な宗派となった。他方、北西部の国境地帯では、サイイド・アフマド・バレールヴィーが残した聖戦士《ムジャーヒディーン》の組織が軍事的な活動を続けていたが、反乱後の掃討作戦で壊滅させられ、それ以後、サイイド・アフマドの影響は、思想面にかぎられることになった。

大反乱後のムスリムの運動には、三つのおもな潮流が認められる。デーオバンド運動、アリーガル運動、それからファランギー・マハル▲の活動である。ここではデーオバンド運動とアリーガル運動を取り上げることにしよう。イギリスによってデリーを追われたムスリム知識人は、イスラーム文化の伝統を保つ地方都市に活動の拠点を移した。デーオバンドもアリーガルもそうした地方都市の名前である。

デーオバンド運動

デーオバンドは、デリーの北北東およそ一五〇キロのところにある小都市である。大反乱から一〇年たった一八六七年、ラシード・アフマド（一八二九〜一九〇五）、ムハンマド・カーシム（一八三三〜七七）らのウラマーが、この町のモスクに小さな神学校《マドラサ》を開いた。これが、のちにインドのムスリムに大きな影響力をもつようになる、デーオバンド運動の始まりである。

これらのウラマーが大反乱にどのようにかかわったか、不明な点が多いが、ラシード・アフマドは大反乱中に逮捕され、半年間拘禁された経験をもってい

▼ファランギー・マハル　UP州のラクナウにあるムスリムの住む街区（ムハッラー）の名。もともとヨーロッパ人（ファランギー）の商人の屋敷がこの街区にあったが、十七世紀末、アウラングゼーブ帝がこの屋敷をウラマーの一族に与えたことから、有名になった。このウラマーの先祖は、デリー・スルターン朝時代の初期に、イランのヘラートからインドへ移住したといわれる。ファランギー・マハルに住んだウラマーたちは、神学校（マドラサ）を設立して教育をおこない、注釈書や教令（ファトワー）をつうじて一般のムスリムを指導し、シーア派や改革派のウラマーと論争し、イギリス帝国のイスラーム教にたいする脅威に対抗しようとした。

デーオバンド神学校　右側の写真の小さなモスクの一室で、神学校が発足した。左は最初に建てられた教室の建物。

た。この神学校のウラマーたちは、チシュティー教団のスーフィズムによって精神的に結ばれていた。しかし同時にデリー・カレッジの卒業生が多く、例えば、ラシード・アフマドとムハンマド・カーシムは一八四〇年代にカレッジで学んでいた。デリー・カレッジは一七九二年に設立された古い学校であるが、一八二八年に英語学科が創設されると、北インドの新しい文化運動の中心となり、それは、大反乱のためにカレッジが閉鎖される一八五七年まで約三〇年のあいだ続いた。二人はこのデリー・カレッジで、新しい時代の空気を吸い、また、サイイド・アフマド・バレールヴィーの思想にもふれていた。

　デーオバンド神学校は、「マドラサ」という名を冠されていたが、伝統を墨守する教育機関ではなかった。イギリスのそれに倣って、〈近代的〉・組織的な宗教教育をおこなうことをめざす、当時としては画期的な学校であった。それは教室と図書館をもち、専任の教員によって運営され、カリキュラムにもとづいて教育をおこない、試験で学習達成度を確認した。財政的には、パトロンや寄進財産《ワクフ》をもたず、一般から募った年会費で支えられていた。モスクの片隅で始まったこの神学校は、新しい宗教学校のモデルとなり、十九世紀末までには、北インド一帯に兄弟校のネットワークをもつようになった。これらの卒業生が神学校を中心に展開した運動をデーオバンド運動と呼ぶ。

デーオバンド運動が広い支持を獲得した背景には、アーリヤ協会のところでふれたように、十九世紀後半のインドでは、出版や講演がプロパガンダの手段として一般化したことがあった。ムスリムのエリートもこの時流をとらえ、著述活動の重点をアラビア語やペルシア語から、平均的な教養をもつムスリムが理解できるウルドゥー語へと移し、コーランやハディース▲の翻訳から、ガザーリー▲やイブン・ハルドゥーン▲などの古典の翻訳をへて、宗教的な教訓を説くパンフレットにいたるまで、大量の文献をウルドゥー語で出版した。これらの出版活動をつうじてウルドゥー語が普及すると、ウルドゥー語はムスリムのアイデンティティの基本的な構成要素とみなされるようになった。

デーオバンド運動は、思想的には、十八世紀以来のスンナ派▲の復古主義的な改革運動を受け継ぐものであった。また、一般のムスリムに積極的に働きかけるという意味でも、十八世紀に始まる改革運動の流れを継承していた。ただし、大反乱に敗北したあとの厳しい状況のもとでは、イスラーム国家の問題を取り

▼**ハディース**　預言者ムハンマドの言行の記録。

▼**ガザーリー**（一〇五八～一一一一）　スンナ派の法学者、宗教思想家。イスラーム史上もっとも偉大な思想家の一人に数えられる。

▼**イブン・ハルドゥーン**（一三三二～一四〇六）　イスラーム世界を代表する歴史家。『歴史序説』を著した。

▼**スンナ派**　預言者ムハンマドのスンナつまり慣行を遵守する人の意。イスラーム世界の主流派を形成する。南アジアのムスリムも、大部分がスンナ派である。

上げることはできなくなっていた。ムガル皇帝が退位させられたのち、この問題はインドのムスリムにとっていっそう切実になっていたはずであるが、それが許されるような状況ではなかったのである。

　したがってデーオバンド運動の関心は、コーランやハディースに記されている預言者ムハンマドの行いを手本として、あるいは、イスラーム法の正しい解釈にもとづいて、一般のムスリムの誤った慣習を正すことに向けられた。教育を別にすれば、デーオバンド神学校がもっとも力をそそいだのは、信仰、宗教儀礼および他の宗教グループとの関係にかんする問題について、一般のムスリムから相談を受けることであった。儀礼をめぐる相談でもっとも多かったのは、正しい礼拝の仕方やコーランの朗誦の仕方にかんするものであったという。他の宗教グループとして問題になったのは、ヒンドゥー教徒、イギリス支配者、アフレ・ハディース派▲、シーア派▲などとの関係であった。神学校はハナフィー学派▲のイスラーム法解釈をとり、その立場からの勧告を教令《ファトワー》として発出し、それらを教令集にまとめて出版した。一八六七年から一九六七年までの一世紀のあいだに出された教令の数は、二七万にのぼったという。

▼アフレ・ハディース派　南アジアのスンナ派ウラマーの学統。デーオバンド派、バレールヴィー派について有力。イスラーム法解釈においてハディースを優先させる。

▼シーア派　ムハンマドの死後、その権威は娘婿であるアリーに引き継がれたと主張する人びとをいう。南アジアでは少数派である。ただし、アワドの太守、イスマイール派の指導者アーガー・ハーンなどの有力者が多く、あなどりがたい影響力をもった。

▼ハナフィー学派　スンナ派の四大法学派の一つ。アブー・ハニーファによって創始された。南アジアでも大きな影響力をもつ。

このように、デーオバンド運動は教育と教令を二本柱にして展開され、改革派の主張を、中世以来の習合《シンクレティック》的な世界に生きるインド・ムスリムのあいだに根づかせていった。

信仰の正規化・標準化は、イスラーム教と他の宗教との距離を拡大する働きをもった。大反乱以前の改革派は、ムスリム内部の問題に関心を向けていた。ところが、デーオバンド神学校に拠る改革派は、ムスリム内部の統一をはかるだけでなく、非ムスリムにたいして自分たちを対立させ、「他者」との関係において自分たちのアイデンティティを明確にしようとしたからである。

ヒンドゥーにかんしては、とくに一八八〇年代以降に出された教令は、社会的接触や仕事上の付合いをやめさせようとする傾向を示し、アーリヤ協会の集会への出席は明確に禁止した。また、衣服、髪型、装身具などの点で、ヒンドゥーとまぎらわしい身なりをするのを違法とした。イギリスとの関係については、教令は、イギリス的な基準は、法や礼儀作法において極めて不満足であるとし、とくに英法の支配にたいして強い反発を示していた。このようにデーオバンドの教令は、イギリス人支配者にたいして道徳的・精神的自信をもつよう

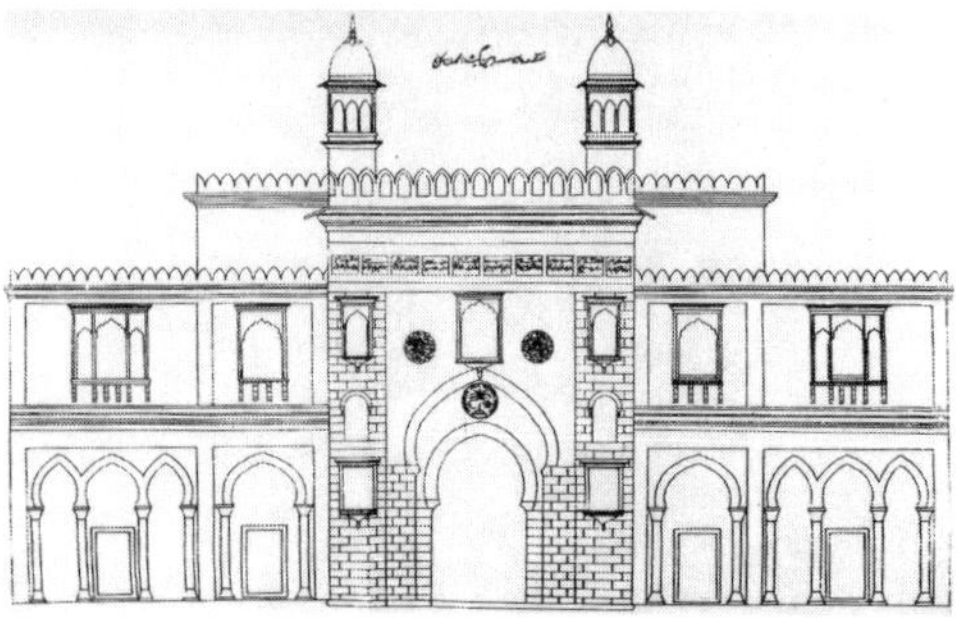

ムハマダン英国東洋カレッジ正門

に、ムスリムを力づけようとするものであった。これは、支配者から認められることを望む、英語教育を受けたムスリムの態度とは対照的であった。

アリーガル運動

アリーガル運動の名前は、運動の中心となった「ムハマダン英国東洋カレッジ」(ムハマダン・アングロ・オリエンタル・カレッジ)が、デリーの南東約一三〇キロの、アリーガルという地方都市にあったことによる。西欧的で親英的だったという意味で、また、エリートの運動だった点で、アリーガル運動はデーオバンド運動と対照的な性格をもつものであった。しかし、両者はともに、十九世紀後半にあらわれた〈近代的な〉高等教育機関を基盤とする運動であった。その意味では、二つとも同じ時代の申し子であり、共通する側面をもっていたともいえる。二つの運動は、ムスリムの宗教意識を高め、インドのムスリムは別個の社会集団《コミュニティ》をかたちづくっているという意識を育て、ウルドゥー語の使用を教育あるムスリムのあいだに広めた。

英国東洋カレッジは、一八七五年、サイイド・アフマド・ハーンとその同志によって設立された私立学校である。サイイド・アフマドはデリーの富裕な家に生まれ、伝統的な教養を身につけたムスリム・エリート（シャリーフ▲）であった。数学と伝統医学を学んでもいた。三八年、父親が死ぬと、イギリスに仕えることをきらう家族の猛反対を押し切って、東インド会社に職をえ、司法畑で働き、副判事まで昇進して、七七年に引退した。大反乱のときは、親類のなかから殉教する者がでたが、彼自身はイギリスを支持した。

サイイド・アフマドは、ムスリム・エリートのなかではまだ数が少なかった親英派であった。しかし興味深いことに、英語をほとんど知らなかったという。というのは、一八三七年まで法廷の公用語はペルシア語であり、その後も、UP州ではウルドゥー語が使われていたからである。彼は裁判所に勤務するかたわら、ペルシア語とウルドゥー語で旺盛な執筆・講演活動をおこなった。また、「科学協会」（六四年）を組織して西欧の文献の翻訳を推進し、「北西州英領インド協会」（六六年）を設立して政治的主張をおこない、学校を創立して教育の近代化を進めた。それは、十九世紀初めにベンガルのラムモホン・ライらによって始められ、その後インド全域に拡大した近代主義的な運動の一環であった。

▼シャリーフ　複数形はアシュラーフ。「高貴な者」の意で、預言者ムハンマドの直系子孫にたいする尊称として使われる。インドでは用語法が拡張されて、伝統的な教養を身につけた、家柄のよいムスリム・エリートを指す。よい家柄とは、先祖が中東地域の出身であるか、そうであると主張されているもので、サイイド、シャイフ、ムガル、パターンを含む。ベンガルでは、「アシュラフ」の対語として、「アジュ（ト）ラフ」の語が、農民などの庶民のムスリムを指すのに用いられる。

サイイド・アフマド・ハーン（一八一七〜九八）

しかし一八六〇年代までのサイイド・アフマドの運動はまだ断片的であり、役人や法曹関係者の小さな集団の枠をでるものではなかった。また、ムスリムという意識を正面に出すのは、宗教的な問題を論じるときにかぎられていた。「カウム」(部族)、「ビラーダリー」(同族団)といった血縁集団をあらわす言葉の用法を拡大し、ヒンドゥスターン人、ベンガル人、イギリス人など地域的・言語的な社会集団を指すために使いはじめていたが、ムスリム、ヒンドゥー、クリスチャンなどの宗教的な社会集団《コミュニティ》にたいしては別の単語をあてていた。

サイイド・アフマドは、一八七〇年前後に人生の転機に立った。転機をもたらしたのは、まず、六九年から七〇年にかけてのイギリス訪問であった。彼はイギリスの力と富と自信を自分の目で見て、無力感に打ちひしがれた。英語をほとんど理解しない植民地知識人だっただけに、その衝撃はひときわ大きかっただろうといわれる。その苦悩のなかで、ムスリムとしての意識が強められた。それと同時に彼は、エジプトに立ち寄り、オスマン帝国が進めてきた近代化の改革を知った。それは、自分がインドで試みたことと同じ方向性をもつものであった。転機をもたらしたもう一つの要因は、このころになると北インドでは、ヒンディー語公用語化運動など、ヒンドゥーのエリート層の攻勢が、ムスリム・エリート層の脅威として実感されるようになってきたことであった。

サイイド・アフマドはイギリスで、宗教と教育の二つの面で新しい道を模索しはじめた。思想的には、彼はシャー・ワリーウッラーの改革運動の流れを汲んでいたとされる。イギリスで彼は、シャー・ワリーウッラーの思想の合理的な側面を極限まで推し進め、コーランに記されている神の啓示は、十九世紀西欧の合理主義と矛盾しないことを証明するために、イスラーム教の教理を再構成する試みに着手した。例えば、コーランに記されている奇跡に合理的・科学的な解釈を与え、また、天国と地獄は寓意と隠喩であるとした。そのために彼は、正統派から激しい批判をあびることになった。

教育の面では、サイイド・アフマドはかねてから科学教育と技術教育の重要性を主張してきたが、イギリスに行くと、当時おこなわれていた教育論争から影響を受け、教育改革の構想をさらに発展させた。彼はまず第一に、ヴィクトリア朝の基本理念である自由放任と自助の精神を取り入れた。ただし、それを独自に解釈して、私的で自発的な行動によって、インド人が自分で管理する自

ムハマダン英国東洋カレッジのキャンパス

▼立法参事会　直接統治にともなう改革の一環として、一八六一年、インド参事会法が制定された。この

分たちの教育制度を、イギリスの監督から自由なところにつくる構想に結びつけた。もう一つ影響を受けたのは、イギリスでは宗教教育が公教育のなかに組み込まれていることであった。彼は、ムスリムのために独立した学校を設立する構想を育てた。学校のモデルとしては、パブリック・スクールとケンブリッジ大学から大きな影響を受けたといわれる。

サイイド・アフマドは帰国すると、インドのムスリムに教育を普及させるための構想をねり、募金運動を始めた。そして、一八七五年にアリーガルで開設にこぎつけたのが、ムハマダン英国東洋カレッジである。ただし、このカレッジはサイイド・アフマドの構想をそのまま実現したものではなく、重要な修正が加えられていた。

第一は、資金難から、インド総督の寄付と政府の補助金を受け入れたことである。言い換えれば、カレッジは、当初の構想とは逆に、植民地政府の教育制度のなかに組み込まれたことになる。第二は、これも植民地政府の方針により、カリキュラムから科学・技術教育が除外されたことである。一方、サイイド・アフマドは、親英派の知識人として公認されるようになり、ムスリムを代表して立法参事会▲のメンバーに加えられる栄誉を受けることになった。

　これらの修正の結果、カレッジは、学生を寮で共同生活させることを基本方針とし、神学の授業などによってイスラーム的な宗教教育をほどこすことを除けば、英語教育をおこなう一般のカレッジと変わらないものとなった。入学者はおもに、知識人や官吏の供給源になってきた、北インドの比較的富裕なムスリムの子弟であった。しかし、サイイド・アフマドの信念および資金集めの都合から、ヒンドゥーの子弟にも門戸が開かれていて、一八八九年まではムスリムとヒンドゥーの学生数が拮抗《きっこう》するほどであった。教員にはヒンドゥーとイギリス人も加わり、学長はイギリス人が長く務め、経営委員会にはヒンドゥーのメンバーがはいっていた。

　このように、英国東洋カレッジはムスリム・エリートの子弟の教育をめざすものであったが、なにからなにまでイスラーム色で染め上げられていたわけではない。しかし、建学の理念は、「インド・ムスリム」というものがはっきりと定義できる社会集団《コミュニティ》として実在し、彼らが英語教育において「非ムスリム」に後れをとっていることを前提とするものであり、その前提をムスリム・エリ

法律によってそれまでインド総督のもとで立法を担当してきた立法参事会が強化され、総督は六〜一二名を立法担当参事に指名し、そのうち少なくとも半数は民間人とすることとされた。立法参事会は、その後の改革をへて、植民地議会に成長した。

カレッジの学生運動の指導者たち　二列目左側から三人目の白人はセオドア・ベック。ケンブリッジ出身のイギリス人で、長く学長を務めた。

ート層が受け入れ、寄付金を出し、子弟を送り込んだことが重要であった。

　サイイド・アフマドにとって、「インド・ムスリム」であることとは、イスラーム王朝時代にインドを支配した「人種」を、共通の祖としてもつ血縁集団に属することを意味した。彼は、「インド・ムスリム」全体を指すのに、「カウム」（部族）という言葉を用いるようになり、この用語法がウルドゥー語で一般化した。エスニック集団《コミュニティ》としての「インド・ムスリム」の観念が、ケンブリッジ大学などに範をとったといわれる〈近代的な〉教育機関で成立したのである。こうした〈近代的な〉理念はやがて、寮生活の連帯感と宗教教育で結ばれた卒業生が、官界や法曹界に進出して広めることになる。

　このアリーガル運動はまもなく、民族運動の渦のなかにおかれることになった。一八八五年、会議派が創設されたとき、多くのムスリムが参加し、当然サイイド・アフマドも支持するであろうとみられていた。ところが彼は沈黙を守り、翌年、会議派に対抗する組織として、「ムスリム教育会議」を発足させたのである。彼の決断の背景には、会議派はインドに無政府状態をもたらすだけであり、対立するインドのさまざまな社会集団《コミュニティ》に平和をもたらすことができる

▼全インド・ムスリム連盟　一九〇六年、大地主（ザミンダール）のサリムッラなどによって、東ベンガルのダカで結成された、インド・ムスリムの政党。結成後まもなく、連盟の主導権は、アリーガルをはじめとするUP州のムスリム・エリートの手に移った。言い換えれば、連盟は、ムスリム人口の集中するベンガルとパンジャーブに足場をもたない組織であった。連盟が、ベンガルとパンジャーブを押さえ、さらに、ムスリ

のは、イギリス支配だけであるとする信念があったとされる。ほかの理由が示唆されることもある。

　しかし、いずれにせよ、毎年会議派の年次大会と同じ時期に開催されるムスリム教育会議が、アリーガル運動が会議派と一線を画する運動であることを示すできごととなった。そしてこのムスリム教育会議のなかから、「インド・ムスリム」の最初の〈近代的な〉政党が生み出されることになる。一九〇六年、東ベンガルのダカで結成された「全インド・ムスリム連盟▲」がそれである。

植民地政府の政策

　インドのイギリス人支配層はムスリムを、イギリスの支配にたいして永遠に敵対する勢力とみなす傾向があった。こうした見方は、ヨーロッパにおけるキリスト教とイスラーム教の長い対立の歴史と、ムガル帝国の支配を打ち倒したインド征服の歴史に淵源するものであるが、大反乱の体験や、一八六〇年代に続いた一連のワッハーブ派陰謀事件▲でさらに強められた。十九世紀後半における彼らのムスリム観は、ハンター▲という著名な官僚が著した『インドのムスリ

ム大衆を組織するようになるのは、一九四〇年代のことである。この二点に成功したことが、パキスタン建国の原動力となったと考えられる。

▼ワッハーブ派陰謀事件　インド北西部の国境地帯における聖戦士（ムジャーヒディーン）の活動は、ワッハーブ派によるものであり、それはインド国内の地下組織によって支えられているとして、イギリスがその組織を摘発した事件。一八六四年と六五年に、パンジャーブのアンバーラーとビハールのパトナーで、十数人が逮捕され、反逆罪で流刑に処せられたのを皮切りに、七一年まで摘発が続いた。

▼W・W・ハンター（一八四〇〜一九〇〇）　スコットランド出身のインド文官職官僚。学者官僚の典型で、『ベンガル統計書』二〇巻（一八七〇〜七五年）、『インド帝国地誌』一四巻（一八八五〜八七年）など、植民地支配をつうじて蓄積されたインドにかんする知識を集大成するシリーズを編纂した。その一方で、一般のイギリス人向けの出版物においても健筆をふるった。

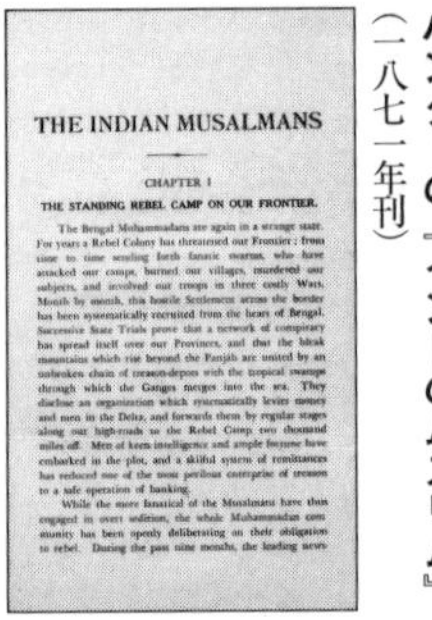
THE INDIAN MUSALMANS

CHAPTER I

THE STANDING REBEL CAMP ON OUR FRONTIER.

The Bengal Muhammadans are again in a strange state. For years a Rebel Colony has threatened our Frontier; from time to time sending forth fanatic swarms, who have attacked our camps, burned our villages, murdered our subjects, and involved our troops in three costly Wars. Month by month, this hostile Settlement across the border has been systematically recruited from the heart of Bengal. Successive State Trials prove that a network of conspiracy has spread itself over our Provinces, and that the bleak mountains which rise beyond the Panjab are united by an unbroken chain of treason-depots with the tropical swamps through which the Ganges merges into the sea. They disclose an organization which systematically levies money and men in the Delta, and forwards them by regular stages along our high-roads to the Rebel Camp two thousand miles off. Men of keen intelligence and ample fortune have embarked in the plot, and a skilful system of remittances has reduced one of the most perilous enterprise of treason to a safe operation of banking.

While the more fanatical of the Musalmans have thus engaged in overt sedition, the whole Muhammadan community has been openly deliberating on their obligation to rebel. During the past nine months, the leading news-

ハンターの『インドのムスリム』（一八七一年刊）

ム』によく示されている。

この本は、「全ムスリム・コミュニティは、反乱を起こす義務について公然と論議してきた」という驚くべき書出しで始まり、サイイド・アフマド・バレールヴィーの聖戦士《ムジャーヒディーン》運動を誇張して描き出し、また、東ベンガルの農民のファラーイズィー運動をワッハーブ派と断定するなどして、イギリス人の警戒心をあおるものであった。そしてハンターは、イギリスの脅威になっているのは「狂信的な」ムスリム大衆であるとして、大多数のムスリムを切り捨て、ムスリム・エリートを支援すべきだとの政策提言をおこなった。

ハンターの提言の前提になっているのは、インドのムスリムは信仰で結びつけられた独立した一つの社会集団《コミュニティ》であって、ヒンドゥーと明確に区別されるという見方である。しかし実際には、インドにおける行政の経験を積むにつれて、イギリス人行政官のなかにも、ムスリムとヒンドゥーの区別は自明のものではなく、さらにムスリムの内部も、カーストに似た集団に分岐していることが理解されるようになってきていた。

前にふれたガーズィー・ミヤーン崇拝がムスリムとヒンドゥーの両方にまた

がってみられることや、バンギーという代表的な清掃人の社会集団がムスリムとヒンドゥーの両方にいることや、ジャートという北インドでもっとも有力な農民の社会集団のなかには、ムスリムとヒンドゥーとスィクが存在することや、クシャトリヤを自称するラージプートのなかにはムスリムの氏族が含まれることなどがわかってきていたのである。

国勢調査《センサス》でカーストや宗教の調査が組織的になされると、例えば東パンジャーブでは、ムスリムのラージプートやグージャルやジャート（いずれもヒンドゥーのカースト名）というものが存在し、彼らは社会的慣習や婚姻や相続については、「ヒンドゥーの兄弟」となんら変わりのない生活をしていることが判明した。また逆に、たくさんのムスリムがバラモンの司祭を依頼し、「ムスリムのバラモン」すら存在することが明らかになった。ベンガルのダカ県では、一二二のムスリムの共同体《カウム》（つまり、カースト）があって、それぞれが五人委員会（パンチャーヤト）▲の指揮下にあり、しかも、いくつかの共同体にはヒンドゥーも含まれていた。

しかし、流動的で柔軟なインド社会のあり方にかんするこのような洞察は、

▼**五人委員会**（パンチャーヤト）
「パーンチ」はヒンディー語で「五」を意味する。インドの村落共同体を統率し、村の重要事項を決めた、長老の会議、寄合いのことをいう。メンバーが五人であるとはかぎらない。

インド社会ははっきりと分離したばらばらの社会集団からなり、それらを統合できるのはイギリスだけであるという、イギリス人多数の固定観念に反するものであった。そしてなによりも、大反乱後精力的に進められた、植民地行政の近代化・効率化の流れにそぐわないものであった。植民地行政の立場からすれば、多様で流動的な社会集団を、明確な「境界《バウンダリ》」をもつ社会集団に切り分け、それぞれについて政策課題を設定するのが便利であった。

行政目的の調査は、十九世紀後半以降さまざまな分野で大規模におこなわれたが、本書のテーマである宗教問題についていうと、国勢調査が決定的に重要であった。調査項目には宗教が含まれ、インド人を一人一人、ヒンドゥー教、イスラーム教などのカテゴリーに分けて数え上げ、「ムスリムのバラモン」のような存在も、いずれかに振り分けてしまったのである。こうしてえられた「数字」は巨費を投じて実施された「科学的な」調査の結果として権威づけられ、膨大な統計表に整理され、行政の基礎データとして利用された。

他方、インドの人びとは、こうしてえられた「数字」を、それぞれの宗教の勢力比を示す「客観的な」データと受け止めた。彼らに国勢調査の重要性を知らしめたのは、ベンガル州の結果であった。この州ではヒンドゥーが多数派であると信じられてきたが、第一回国勢調査で、ムスリムが多数派であることが明らかになったのである。それ以来国勢調査のたびに、ヒンドゥーやムスリムの人口の増加率が関心を集めるようになり、それぱかりでなく、それぞれの宗教の人口を多く記録しようという動きがあらわれた。

話をもとにもどすと、ムスリムのエリートを支援すべきだとするハンターの提言を実行に移すために、インド政府は州政府にたいして、政府職員と教育の二分野において、ムスリムの人数と比率を報告するよう義務づけた。その意味するところは、国勢調査で明らかにされたムスリムの人口比まで、ムスリムの役人と生徒の数を引き上げるように努力せよということであった。こうして、「狂信的な」ムスリム大衆の脅威を宣伝する一方で、ムスリム・エリートを優遇して植民地政府側に抱き込もうとするハンターの極めて政治的な提言は、国勢調査の「科学的な」裏付けをえて実施されることとなった。

これ以降、ヒンドゥーとムスリムにたいする政策は、データにもとづいた少数派ムスリム・エリートの優遇策を、植民地支配を強化するための高度に政治的な要請と抱き合わせて、推進するものとなる。それが、すでに対立する傾向を示しはじめていた、ヒンドゥーとムスリムのエリートのあいだの溝をさらに押し広げる効果をもったことはいうまでもないであろう。また、ハンターのインド・ムスリムのとらえ方や、エリート優遇政策が、アリーガル運動の論理と軌を一にするものであったことも明らかであろう。

シムラー代表団

このような流れのなかで、一九〇六年十月、インド総督ミントーとシムラー代表団の会見が実現した。アリーガルではサイイド・アフマド・ハーンの時代から、立法参事会にムスリムの代表を送り込もうという動きがあった。シムラー代表団は、この要望を伝えるために、アリーガルのムスリムの有力者を中心に結成された。他方、会見に応じた総督の側には、ベンガル分割▲のあと急激に高まった反対運動に対処するために、ヒンドゥーとムスリムのあいだに楔を打ち込むねらいがあり、また、急進化して会議派に接近しつつあったムスリム青年層を、イギリス側に引き戻さなければならないという事情があった。

▼ベンガル分割　一九〇五年、インド総督カーゾンが実施した、民族運動の分断策。当時の民族運動の中心であったベンガル州の西部にヒンドゥーが多く、東部にムスリムが多いことを利用して、ベンガル州を東西に二分し、西側にヒンドゥーが多数派のベンガル州、東側にムスリムが多数派の東ベンガル・アッサム州をつくり、ヒンドゥーとムスリムの対立をあおることをねらった。しかし、ヒンドゥーとムスリムは手を結んでベンガル分割反対運動を展開。イギリスは、一九一一年、分割の撤回に追い込まれた。このとき同時に、首府をカルカッタからデリーに移す措置がとられた。

この会見で代表団は、インド・ムスリムがイギリスのインド支配に貢献したことを強調した。そして国勢調査によれば、ムスリムは人口の四分の一から五分の一を占めることを指摘し、立法参事会に導入が検討されている代議制度において、ムスリムに適正な比率を割当てるよう要望した。これにたいして総督は、植民地行政の目的は、あらゆる利害関係者、あらゆる信仰をもつ者の福祉をはかることにあるとして、選挙制度においても、多様な信仰にしかるべき配慮をすることを約束した。この発言は、用心深い言い回しを使ってはいるが、特定の宗教集団《コミュニティ》を特別扱いする用意があることを、インド統治の最高責任者が言明したもので、画期的なものであった。この会談の直後、一九〇六年十二月に、インド・ムスリムだけからなる政党、全インド・ムスリム連盟が創設されるが、それは決して偶然ではなかった。

総督の約束は、一九〇九年の統治制度改革（モーリ・ミントー改革▲）ではたされた。この改革で、立法参事会にムスリムを優遇する「分離選挙制度」が導入されたのである。「分離選挙制度」というのは、特定の社会集団《コミュニティ》だけで、ほかから分離した選挙人集団を構成し、自分たちの代表を選ぶようにした制度のこ

▼モーリ・ミントー改革　一九〇九年に実施されたインド統治機構の改革。時のインド担当国務大臣ジョン・モーリとインド総督ミントーにちなんでこう呼ばれる。中央と州の立法参事会(植民地議会に相当)の権限を拡大したこと、立法参事会のメンバーを大幅に増員し、メンバーの選任にあたっては、官選を維持しつつも、部分的に制限選挙による選挙制度を取り入れたこと、ムスリムを優遇する分離選挙制度を導入したこと、および行政参事会(内閣に相当)のメンバーにインド人をはじめて任用したことに特色があった。帝国立法参事会の構成は、行政参事会メンバー六、インド軍総司令官一、立法参事会の開催地の州知事一、官選三三(内、官吏は二八まで)、州立法参事会によって選任される者一三、地主六、ムスリム五、ムスリム地主一、商工会議所二となっていた。州立法参事会により選任されるメンバー以下の二七名が、さまざまなかたちの選挙で選ばれた。この改革には、ベンガル分割で盛り上がったインド・ナショナリズムに譲歩すると同時に、懐柔するねらいがあった。

とである。例えば総督の立法参事会では、ムスリム宗教集団《コミュニティ》に五議席が配分され、それに対応して、ムスリムだけの選挙人集団が五つ構成された。それと同時に、ムスリムは他の選挙区でも選挙人集団に加わっていたから、彼らが五議席を上回る議席をえるのは確実な仕組みであった。そして事実、最初の選挙でムスリムは、選挙で選出された二七議席のうち一一議席を獲得したのである。

モーリ・ミントー改革は失敗だったと評されるのがふつうである。というのは、ガンディーが指導した第一次非協力運動で、ヒンドゥーとムスリムの共闘が実現し、総督の期待は裏切られてしまったからである。しかし長期的にみると、シムラー代表団からモーリ・ミントー改革にいたるできごとは、疑いなく、インドのナショナリズムの将来に深い影響をおよぼすものであった。十九世紀後半の改革運動のなかから芽生えた宗教ナショナリズムは、この時期に、一方で、宗教ナショナリズムに基礎をおく政党組織（ムスリム連盟）の登場、他方で、インド統治機構の中心部への分離選挙制度の導入という二つのできごとをつうじて、しっかりとした制度的基盤を獲得するにいたった。そして、会議派にあきたらない人たちは、一九一五年、ムスリム連盟に対抗するために、ヒンドゥー至上主義の政党であるヒンドゥー大協会《マハーサバー》▲を結成するのである。

宗教とナショナリズム

こうして、十九世紀後半の宗教・社会改革運動のなかから生まれた宗教ナショナリズムは、植民地的で〈近代的な〉政治制度のなかに根をおろし、二十世紀における成長の足場をかためた。それでは、宗教ナショナリズムによって、二十世紀のインドで展開するナショナリズムの政治を、どこまで説明できるのであろうか。簡単に見通しを述べて、本書の結びにかえることにしたい。

インドのナショナリズムにおいて、宗教が重要な役割をはたしたことは疑いないことである。ムスリム連盟は、インド・ムスリムの宗教ナショナリズムに直接立脚する政党であった。それにたいして会議派は、世俗主義《セキュラリズム》、つまり信教の自由を認め、さまざまな宗教を差別せず平等にあつかい、かつ少数派の権利を守ることを党是としていた。それがたんなる建前だったとは考えられない。しかし、会議派は多様な勢力を抱え込む傘のような組織であって、その右派はダヤーナンダの考え方に近い人びとから成っていた。ヒンドゥー大協会《マハーサバー》結成の中

▼ヒンドゥー大協会　一九一五年、UP州のマダン・モーハン・マーラヴィーヤ(一八六一〜一九四六)やパンジャーブのアーリヤ協会の指導者たちによって創設された、ヒンドゥー至上主義の政党。ムスリム連盟に対抗して設立されたものの、第一次非協力運動の時期には活動が低迷した。しかし非協力運動が終わると息を吹き返し、一九二二〜二三年から、「シュッディ」(再改宗)、ヒンドゥーの自衛、ヒンディー語の普及などのプログラムによって影響力を伸ばした。V・D・サーヴァルカル(一八八三〜一九六六。総裁在任一九三七〜四八)のもとで「ヒンドゥットヴァ」(「ヒンドゥー性」の意)のイデオロギーを整え、また、第二次世界大戦中にはイギリスの戦争推進を支持するなどした。系譜的には、インド人民党(BJP)の前身にあたる。ガンディー暗殺の犯人は、ヒンドゥー大協会の党員だった。

心人物、M・M・マーラヴィーヤは、会議派右派の指導者でもあったのである。そればかりでなく、ネルーのような会議派の左派の人びとのなかにも、ヒンドゥー中心的な観点がかいまみられたことは否定できない事実であった。十九世紀後半に宗教的アイデンティティが明確化し顕在化したことは重要な変化であって、連盟と会議派で影響のありようと程度に違いがあったものの、宗教・社会改革運動はナショナリズムの政治に大きな影響をおよぼしたといってよい。

しかしながら、宗教ナショナリズムが、インドにおけるナショナリズムの政治のすべてを説明するわけではない。このことも、最近では見逃されがちであるが、重要な事実である。インド・ナショナリズムは複雑で多面的な性格をもっていた。わかりやすい例として、おもな思想潮流を取り上げてみよう。ラムモホン・ライの啓蒙主義、近代主義は忘れ去られたわけではなく、それどころか、その影響は今日にまでおよんでいる。著名な人物を一人だけあげれば、この潮流のなかには詩人ロビンドロナト・タゴール▲がいた。ガンディー主義がヒンドゥー的なシンボルを操作する側面をもったことは事実であるが、その本質的な部分が宗教ナショナリズムと別物であることは、ガンディーが文字どおり

▼ロビンドロナト・タゴール（一八六一〜一九四一）　ブランモ協会の指導者デベンドロナト・タゴールの末子として、カルカッタに生まれた。近代インドが生んだもっとも重要な文学者の一人。また、画家、教育者、ベンガル分割反対運動の指導者としても大きな足跡を残した。詩人としては、イギリス・ロマン主義の影響のもとに出発して、独自の高い境地を切り開き、一九一三年、抒情詩集『ギタンジョリ』（ギータンジャリ。歌の捧げもの）によって、アジアではじめてノーベル文学賞を受賞した。また、ナショナリズムをめぐるガンディーとの論争は有名である。日本を五回訪問したが、日本の軍国主義を厳しく批判した。ヒンディー語読みは、ラヴィーンドラナート。

命がけで、分離独立に反対したことから明らかであろう。また、植民地インドが膨大な貧困層をかかえていたことを考えれば、社会主義と共産主義がナショナリズムの潮流に大きな影響をおよぼしたことも、読者には容易に理解していただけるであろう。

思想潮流以外の問題について、インド・ナショナリズムの複雑で多面的な性格を、短いスペースでわかりやすく説明するのは難しい。ここでは、筆者に重要と思われる問題を、二つだけ取り上げておくことにしたい。

第一は、地域主義の問題である。この問題は、インドにおける宗教ナショナリズムの限界を考えようとするとき、非常に重要である。というのは、ムスリムが多数派を形成していたベンガルとパンジャーブは、地域主義が非常に強いところでもあったからである。例えばベンガルでは、中世以来の共生の伝統を背景にもつ地域主義(ベンガル・ナショナリズム)が極めて強く、ムスリム連盟がムスリムのあいだで指導権を確立したのは、一九四〇年代のことにすぎなかった。この州では、ムスリムの地域政党が、ヒンドゥー大協会と連立政権を樹立するというようなことまで起こった。ヒンドゥーとムスリムが長年にわたってつちかってきた地域の論理は、空回りしがちな宗教ナショナリズムに拮抗する力として働いていたのである。

第二は、エリートと大衆の問題である。経済的・文化的・社会的格差が非常に大きいインドでは、両者の関係は極めて複雑で緊張に満ちたかたちをとった。政治エリートの宗教ナショナリズムのプロパガンダが、そのまま大衆に受け入れられたとはかぎらないのである。大衆のレベルの政治が、エリートの政治から相対的な自律性を保ち、エリートの政治的計算をこえた行過ぎをすることもあるが、逆に、深い叡智を示すこともあることはよく知られている。インドは、それがより先鋭なかたちをとってあらわれたところであった。

ここで、本書の冒頭で紹介したインド＝「サラダボール」論にもどって私見を述べさせていただければ、地域に根ざした政治と大衆の自律的な政治の世界に注目することによって、「サラダボール」的な共生の世界を回復する手がかりを見出すことはできないであろうか。現代のインドでは、偏狭な宗教ナショナリズムと並んで，そうした可能性を感じさせる動きもみえはじめているように筆者には思われる。

参考文献

荒松雄『ヒンドゥー教とイスラム教』（岩波新書）岩波書店　一九七七年
カビール（橋本泰元訳注）『宗教詩ビージャク――中世インド思想の精髄』（東洋文庫七〇三）　平凡社　二〇〇二年
小谷汪之『ラーム神話と牝牛――ヒンドゥー復古主義とイスラム』平凡社　一九九三年
スミット・サルカール（長崎暢子・臼田雅之・粟屋利江・中里成章訳）『新しいインド近代史』二巻　研文出版　一九九三年
アーイシャ・ジャラール（井上あえか訳）『パキスタン独立』勁草書房　一九九九年
竹内啓二『近代インド思想の源流――ラムモホン・ライの宗教・社会改革』新評論　一九九一年
竹中千春『世界はなぜ仲良くできないの？――暴力の連鎖を解くために』阪急コミュニケーションズ　二〇〇四年
N・A・チシュティー（麻田豊監訳、露口哲也訳注）『パンジャーブ生活文化誌』（東洋文庫七〇二）平凡社　二〇〇二年
サティーシュ・チャンドラ（小名康之・長島弘訳）『中世インドの歴史』山川出版社　一九九九年
Ahmed, Rafiuddin, *The Bengal Muslims 1871–1906*, Delhi, 1981.
Amin, Shahid, 'On Retelling the Muslim Conquest of North India', in Partha Chatterjee and Anjan Ghosh (eds.), *History and the Present*, Delhi, 2002.
Chatterjee, Partha, *The Nation and its Fragments,* Princeton, NJ, 1993.
Daniel, E. Valentine, *Charred Lullabies: Chapters in an Anthropology of Violence*, Princeton, NJ, 1996.
Eaton, Richard, *The Rise of Islam and the Bengal Frontier, 1204–1760*, Berkeley, 1993.
Eaton, Richard M., *Essays on Islam and Indian History*, New Delhi, 2000.

Engineer, Asghar Ali, *The Gujarat Carnage*, Hyderabad, 2003.

Jones, Kenneth W., *Socio-Religious Reform Movements in British India*, Cambridge, 1989.

Jordens, J. T. F., *Dayananda Sarasvati: His Life and Ideas*, New Delhi, 1978.

Lelyveld, David, *Aligarh's First Generation: Muslim Solidarity in British India*, Princeton, NJ, 1978.

Majumdar, Biman Behari, *History of Indian Social and Political Ideas (From Rammohan to Dayananda)*, Calcutta, 1967.

Metcalf, Barbara Daly, *Islamic Revival in British India: Deoband, 1860–1900*, Princeton, NJ, 1982.

Nakazato, Nariaki, 'Harish Chandra Mukkerjee: Profile of a "Patriotic" Journalist in an Age of Social Transition', *South Asia* 31, 2（2008）.

Nandy, Ashis, *Exiled at Home*, Delhi, 1998.

Pandey, Gyanendra, *The Construction of Communalism in Colonial India*, Delhi, 1990.

Robinson, Francis, *Separatism among Indian Muslims*, London, 1974.

Roy, Asim, *The Islamic Syncretistic Tradition in Bengal*, Princeton, NJ, 1983.

謝辞　本書執筆にあたってはつぎの方々よりご助力をえた。お名前を記して謝意を表したい。

Dr. Rudrangshu Mukherjee, Editor, *The Telegraph*, Kolkata; Mr. Shakti Roy, Librarian, ABP Pvt. Ltd.; Prof. Tapati Guha-Thakurta, Centre for Studies in Social Sciences, Calcutta (CSSSC); Mr. Abhijit Bhattacharya, Documentation Officer, CSSSC; Father P.J. Joseph, Director, Chitrabani, Kolkata; Prof. Sudhir Chandra, New Delhi.

図版出典一覧

W. G. Archer, *Kalighat Paintings*, HMSO, 1971. 53

J. Barry, *Calcutta Illustrated: a unique publication*, Author, n.d. 55

F. Chand, *Lajpat Rai: life and work*, Publications Division, GI, 1978. 14

R. Chanda & J. K. Majumdar, *Selections from Official Letters and Documents relating to the Life of Raja Rammohun Roy, vol.1: 1791–1830*, Calcutta Oriental Book Agency, 1938. 42

P. M. Currie, *The Shrine and Cult of Mu'īn al-dīn Chishtī of Ajmer*, Oxford University Press, 1989. 26, 27

J. N. Farquhar, *Modern Religious Movements in India*, Macmillan, 1918. 51, 52右

T. Guha-Thakurta(ed.), *Visual World of Modern Bengal*, Seagull Books, 2002. 54左右

W. W. Hunter, *The Indian Musalmans*, first published, 1871; reprint, Indological Book House, 1969. 78

J. H. Hutton, *Census of India, 1931*, Manager of Publications, 1933. 41左

India's Struggle for Freedom: an album, Department of Information & Cultural Affairs, GWB, 1987. 48, 63右

J. T. F. Jordens, *Dayānanda Sarasvatī: his life and ideas*, Oxford University Press, 1978. 52左

B. S. Kesavan, *India's National Library*, National Library, 1961. 60

Kishangarh Painting, Lalit Kala Akademi, 1981. 29

D. Lelyveld, *Aligarh's First Generation: Muslim solidarity in British India*, Princeton University Press, 1978. 70, 71, 75

B. Metcalf, *Islamic Revival in British India: Deoband, 1860–1900*, Princeton University Press, 1982. 66右左, 74

Maharshi Debendranath Thakur Swarachita Jiban-Charita, 1318 B.S. 50

G. Michell (ed.), *The Islamic Heritage of Bengal*, Unesco, 1984. 25

R.Russell (ed.), *Ghalib: life, letters and ghazals*, Oxford University Press, 2003. 63左

F. W. Rawding, *The Rebellion in India: 1857*, Cambridge University Press, 1977. 40, 41右, 64

R. Tagore, *Gitanjali: song offerings*, Visva-Bharati, 2003. 86

ABP Pvt. Ltd. (Anandabazar Patrika) 提供 5中, 6, 7上中下, 37

Centre for Studies in Social Sciences, Calcutta/Chitrabani 提供 5上下, 31右左, 38

石黒淳氏撮影・提供 43

東京大学インド史跡調査団提供(東洋文化研究所附属東洋学研究情報センター所蔵) 15, 28

PPS 通信社提供 17

ユニフォト・プレス提供 カバー表・裏・扉

世界史リブレット71

インドのヒンドゥーとムスリム

2008年3月31日　1版1刷発行
2020年10月31日　1版4刷発行

著者：中里成章《なかざとなりあき》

発行者：野澤伸平

装幀者：菊地信義

発行所：株式会社 山川出版社

〒101-0047　東京都千代田区内神田1-13-13
電話　03-3293-8131(営業)　8134(編集)
https://www.yamakawa.co.jp/
振替　00120-9-43993

印刷所：明和印刷株式会社

製本所：株式会社 ブロケード

 ISBN978-4-634-34710-6